Die Eizeit

Findling (kleiner Markgrafenstein)

Gletscherschrammen

Söll

Endmoräne

An vielen Stellen in Brandenburg finden wir riesige Steine, die Findlinge. Wir können heute gut erklären, wie die Steine dorthin kamen. Während der Eiszeit war es in unserem Raum über viele Jahrtausende deutlich kälter als heute. Besonders in Nordeuropa, z. B. Norwegen und Schweden, fielen die Niederschläge fast nur noch als Schnee. Dieser Schnee verfestigte sich durch Druck zu Eis. Es entstanden mehrere Kilometer dicke Gletscher, die sich bis in unseren Raum ausbreiteten. Auf ihrem Weg schrammten die Gletscher über den gefrorenen Untergrund. Dabei schabten sie Millionen Tonnen Gestein, Sand und Ton ab. Sie schoben dieses Geschiebe vor sich her oder schleppten es im Eis mit.

Vor etwa 10000 Jahren begann eine Zeit der Erwärmung. Die Gletscher bewegten sich nicht mehr und das Eis schmolz.

Die Gletscher gestalteten die Oberfläche Brandenburgs:

1. Die flachen oder leicht welligen Grundmoränen lagen unter den Gletschern. Die im Eis mitgeführten Erdmassen und Steine blieben nach dem Schmelzen des Eises dort liegen. Auch kleine Seen, die Sölle, sind dort häufig zu finden.
2. Die hügeligen Endmoränen entstanden an der Gletscherstirn. Wie von einer Planierraupe wurden sie durch das vorrückende Eis aufgeschoben.
3. Die flachen Sander schließen sich an die Endmoränen an. Das Schmelzwasser hat dort Sand und Kies abgelagert.
4. In den Urstromtälern sammelte sich das Schmelzwasser und floss zum Meer ab. Mehrere Urstromtäler durchziehen Brandenburg.

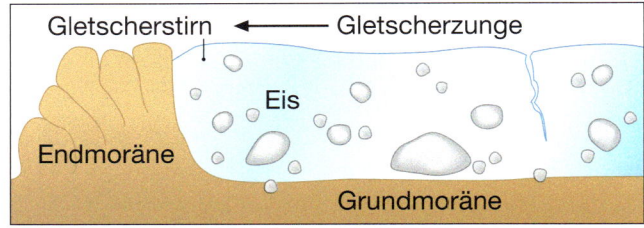

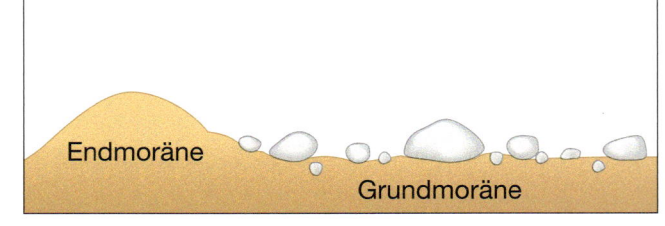

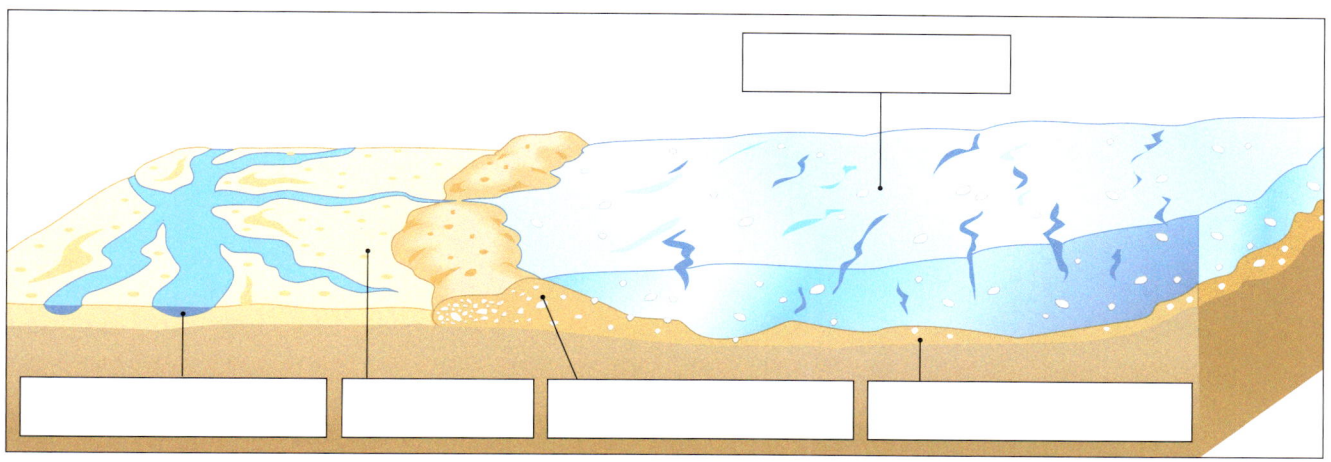

1. Setze die folgenden Begriffe richtig in die Kästchen ein:
Endmoräne (2x), Gletscher, Grundmoräne (2x), Sander (2x), Urstromtal (2x).

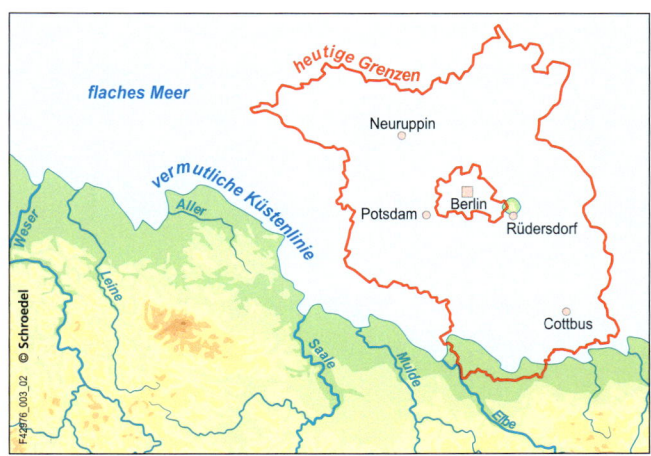

Ohne die Eiszeiten könnten wir bis zu den Mittelgebirgen in einem flachen Meer segeln oder schwimmen.

Früher konnten sich die Menschen die Herkunft der Riesensteine nur durch den Einfluss übernatürlicher Kräfte erklären.

2. Suche auf der Karte Seite 4/5 Rüdersdorf. Dort wäre die größte Insel in diesem Meer zu finden.

3. Lies dazu Sagen aus Brandenburg in Büchern nach.

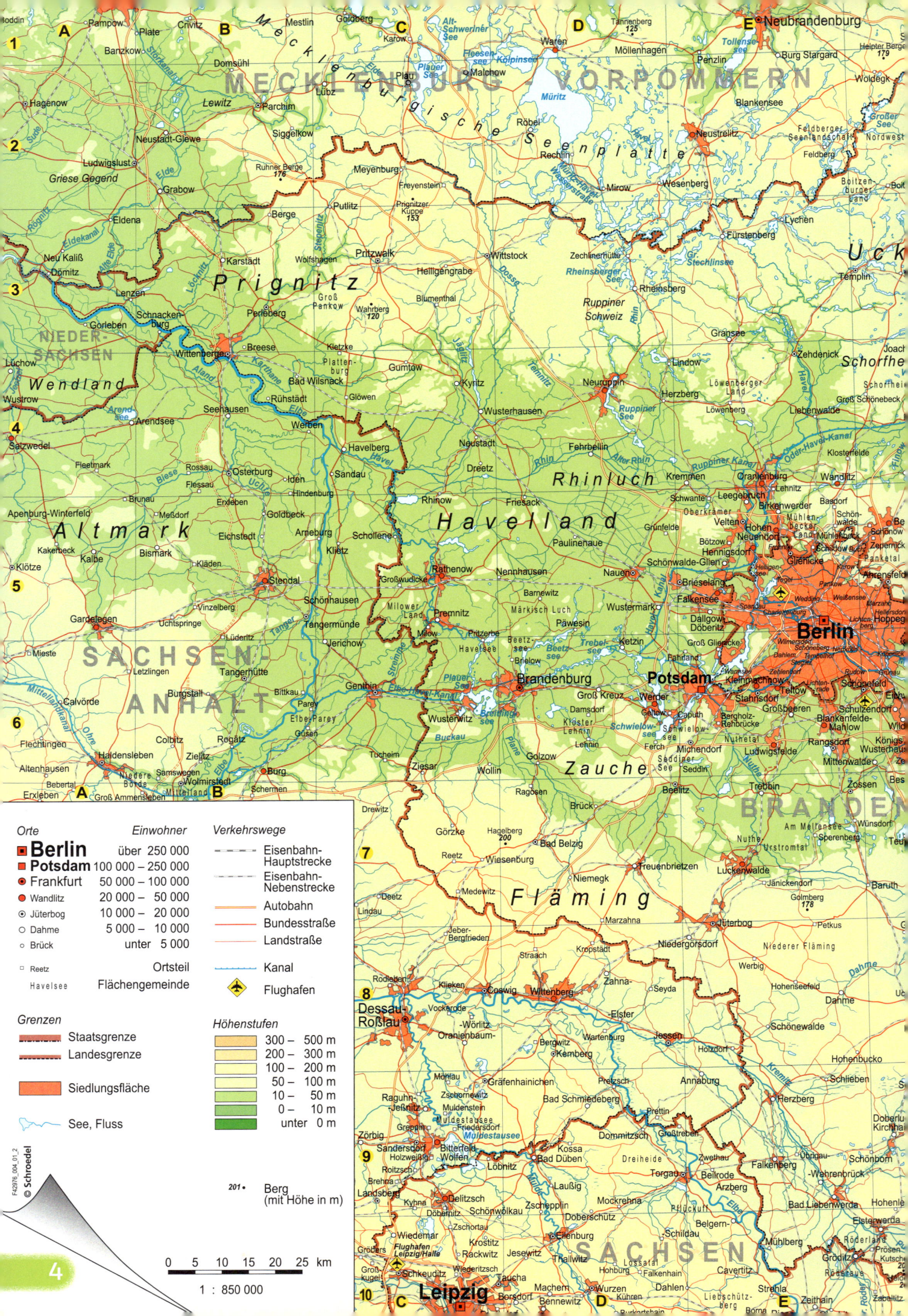

1. Notiere das Planquadrat, in dem dein Wohnort liegt. _____

2. Schneide dir aus einer Klarsichtfolie ein 4 x 3,5 cm großes Stück aus (etwa die Größe eines Planquadrates). Lege die Folie auf ein Planquadrat und beschreibe deinem Tischnachbarn, welche Orte, Flüsse usw. darin liegen. Dein Nachbar soll das Planquadrat benennen.

3. a) Miss die direkte Entfernung (Luftlinie) zwischen Cottbus, der zweitgrößten Stadt Brandenburgs, und Frankfurt/Oder. Benutze dazu ein Lineal. Lies die Entfernung am Leitermaßstab ab.

   b) Miss nun die Strecke der Eisenbahnlinie zwischen den beiden Städten. Benutze dazu einen Blumendraht, der entsprechend der Streckenführung gebogen wird. Markiere den Endpunkt durch einen Knick am Draht. Ziehe den Draht lang und ermittle die Entfernung am Leitermaßstab. Vergleiche die Entfernungen.

4. Mithilfe von Rätselflügen kann man gut die Himmelsrichtungen und die Orientierung auf Karten sowie Arbeit mit Karten üben.

   a) Mehrere Heißluftballons starten in der Stadt Brandenburg. Der Wind treibt die Ballons in südöstlicher Richtung, bis die Ballonfahrer über eine Eisenbahnlinie hinweg fliegen. Nach ca. 80 km Luftlinie landen sie ihre Heißluftballons am Rande einer Stadt, die direkt an einer Eisenbahnlinie liegt.

   Wie heißt die Stadt? _____

   b) Ein Sportflugzeug startet am Flughafen Berlin-Schönefeld. Es fliegt ein kurzes Stück nach Osten, bis es zu einer Autobahn kommt. Von dort fliegt es nach Süden bis zu einer Autobahnkreuzung. Hier biegt das Flugzeug ab und folgt der Autobahn Richtung Osten bis es zu einem Autobahnabzweig kommt. Das Flugzeug fliegt Richtung Norden, bis die Autobahn einen Kanal kreuzt. Diesem Kanal folgt der Pilot Richtung Osten. Der Kanal mündet in einem Fluss. Der Pilot folgt dem Fluss und landet in der nächsten Stadt, die zwischen dem Fluss und einer Eisenbahnlinie liegt.

   Wie heißt die Stadt? _____

5. Findet und notiert weitere Rätselflüge.

Stumme Karte: Brandenburg

MECKLENBURG-VORPOMMERN

NIEDER-
SACHSEN

P – – – – – – –

W – – – – – – – – – –

E – – – –

P – – – – – – –

U – – – – –

N – – – – – – – – –

6

R – – – – – – – –

O – – – – – – – – –

H – – – – – –

B – – – –

BERLIN

7

B – – – – – – – – –

P – – – – – – – – –

8

Z – – – – – – –

SACHSEN-ANHALT

3

F – – – – – – –

4

● Stadt
■ Gewässer
▲ Erhebung, Berg
◆ Landschaft

B – L – – – – – – – – –

6

0   20   40 km

SACHSEN

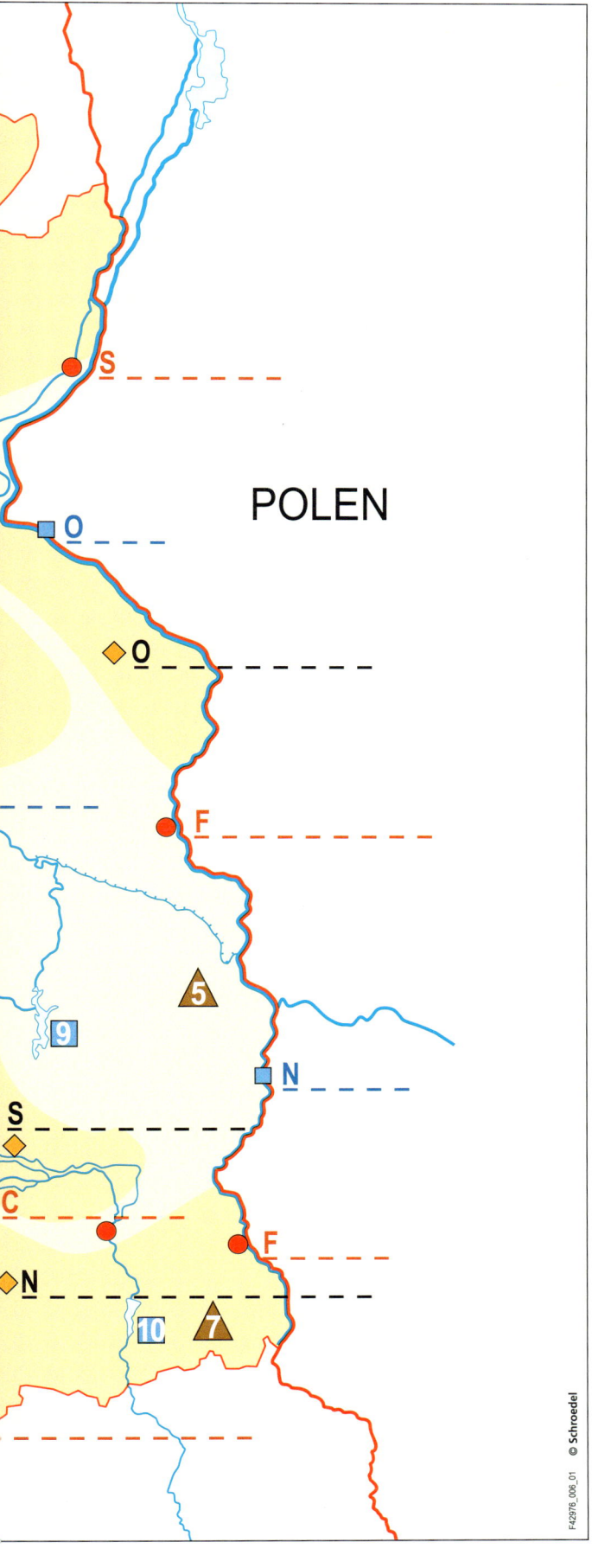

POLEN

1. In die Karte sind zwölf **Städte** Brandenburgs eingezeichnet. Suche diese auf der Karte Seite 4/5 und trage die Namen mit einem roten Stift vollständig ein.

2. Suche auf der Karte Seite 4/5 die vier **Flüsse** und notiere die Namen in blauer Farbe in der stummen Karte.

3. In der stummen Karte markieren die blauen Kreise die größten **Seen** Brandenburgs. Suche diese auf der Karte und notiere die Namen.

1 _____
2 _____
3 _____
4 _____
5 _____
6 _____
7 _____
8 _____
9 _____
10 _____

4. In die Karte sind zehn **Landschaften** Brandenburgs eingezeichnet. Suche diese auf der Karte und vervollständige die Namen mit einem schwarzen Stift.

5. Die sieben höchsten **Erhebungen** (Berge) Brandenburgs sind durch die braunen Dreiecke markiert. Suche die Namen heraus. Notiere Namen und Höhe.

1 _____
2 _____
3 _____
4 _____
5 _____
6 _____
7 _____

F42976_006_01   © Schroedel

Verkehr und Wirtschaft

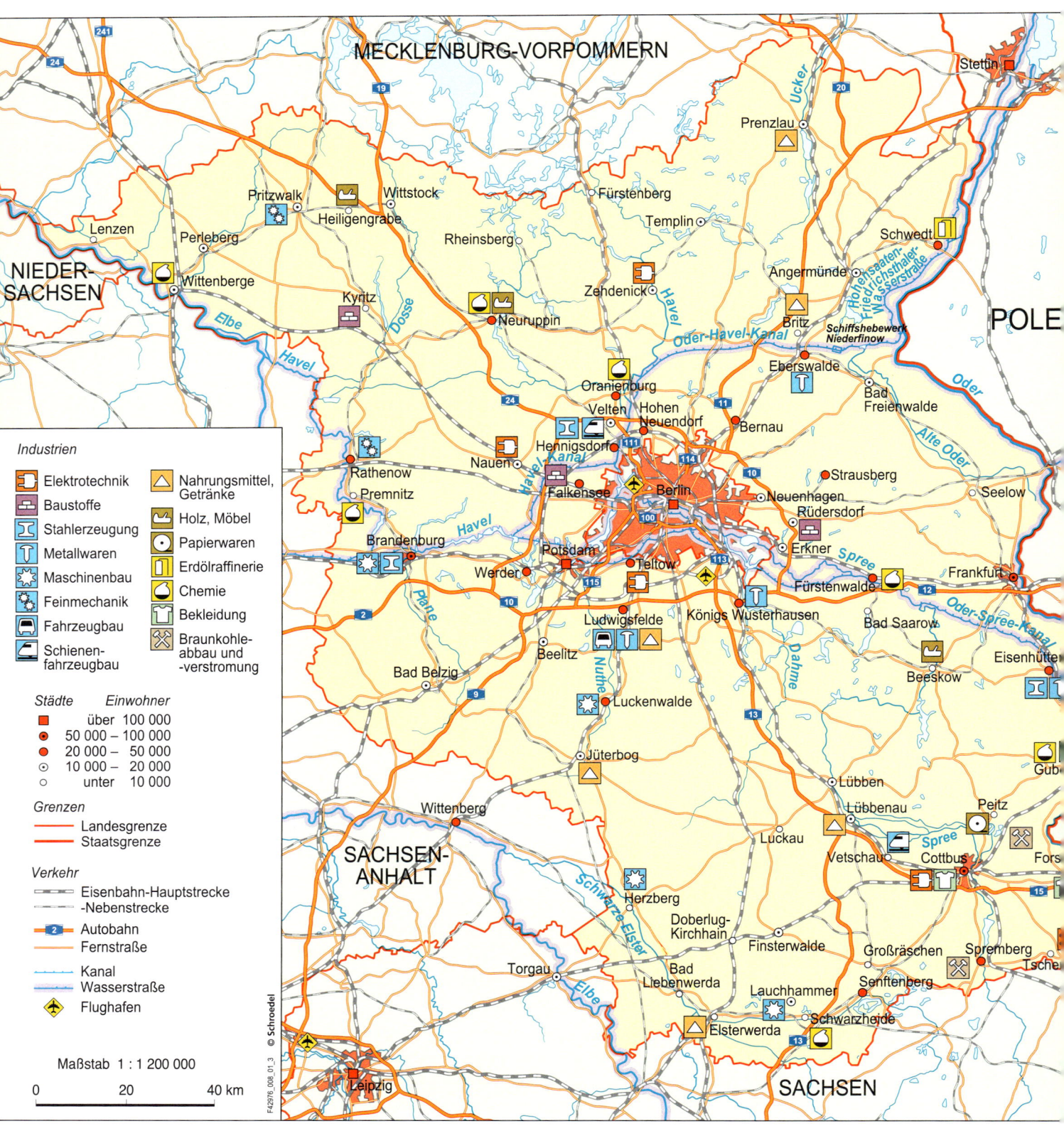

Industrien

- Elektrotechnik
- Baustoffe
- Stahlerzeugung
- Metallwaren
- Maschinenbau
- Feinmechanik
- Fahrzeugbau
- Schienen-fahrzeugbau
- Nahrungsmittel, Getränke
- Holz, Möbel
- Papierwaren
- Erdölraffinerie
- Chemie
- Bekleidung
- Braunkohle-abbau und -verstromung

Städte **Einwohner**
- über 100 000
- 50 000 – 100 000
- 20 000 – 50 000
- 10 000 – 20 000
- unter 10 000

Grenzen
- Landesgrenze
- Staatsgrenze

Verkehr
- Eisenbahn-Hauptstrecke
- -Nebenstrecke
- Autobahn
- Fernstraße
- Kanal
- Wasserstraße
- Flughafen

Maßstab 1 : 1 200 000

0   20   40 km

© Schroedel

F42976_008_01_3

In unserem Bundesland gibt es viele Verkehrs-
wege, zum Beispiel die Autobahnen, Bundes-
straßen, Schienen- und Wasserwege.
Für die Menschen ist ein gut erschlossenes
Verkehrsnetz wichtig, zum Beispiel um den
Arbeitsplatz oder den Urlaubsort zu erreichen.
Die Wirtschaft benötigt gute Verkehrswege
zur Anlieferung von Rohstoffen und zum
Transport von Waren. Deswegen werden Ver-
kehrswege ausgebaut oder neue geplant.

Autobahn

① Notiere zwei Städte in Brandenburg, die an einer Autobahn liegen.

_____

_____

Eisenbahn

② Notiere zwei Städte, die an einer Eisenbahnlinie und an einer Autobahn liegen.

_____

_____

Kanal

③ Notiere zwei Städte, die am Oder-Havel-Kanal liegen.

_____

_____

Brandenburgs Landwirtschaft liefert viele Rohstoffe, aus denen Lebensmittel hergestellt werden. Die meisten Rohstoffe zur Herstellung von Waren werden aber aus anderen Regionen oder fernen Ländern geliefert.

④ Notiere Industriebetriebe in der Nähe deines Wohnortes.

_____

_____

Chemie

⑤ Notiere drei Standorte der **Chemieindustrie**.

_____

_____

_____

Maschinenbau

⑥ Notiere drei Standorte des **Maschinenbaus**.

_____

_____

_____

Schienenfahrzeugbau

⑦ Notiere Standorte des **Schienenfahrzeugbaus**.

_____

_____

_____

Holz, Möbel

⑧ Notiere zwei Standorte der **Holz- und Möbelindustrie**.

_____

_____

Nahrungsmittel, Getränke

⑨ Notiere zwei Standorte der **Nahrungsmittel- und Getränkeindustrie**.

_____

_____

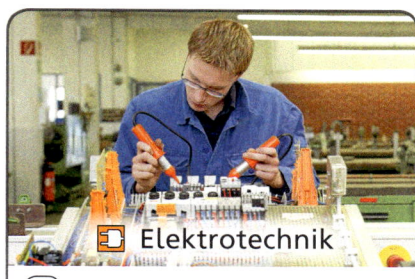

Elektrotechnik

⑩ Notiere zwei Standorte der **Elektrotechnik**.

_____

_____

Schleusen

Oberschleuse

① Überlege, warum Schleusen gebaut werden. Die Skizze hilft dir.

Die Bilder unten links zeigen einen Schleusungsvorgang. Ein Schiff fährt vom unteren Flussabschnitt in den höher gelegenen (Bergfahrt). Die Texte daneben beschreiben die einzelnen Abschnitte der Schleusung.

② Ordne mit Strichen die Texte den Bildern richtig zu.

③ Ein anderes Schiff ist auf Talfahrt. Beschreibe, was geschieht, bis es seine Fahrt auf dem unteren Flussabschnitt fortsetzen kann.

A

① Das Schiff ist in der Schleusenkammer. Beide Schleusentore sind geschlossen. Der Wasserstand ist genauso hoch wie im unteren Flussabschnitt.

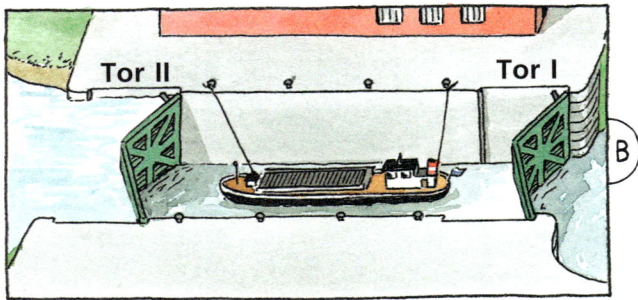

B

② Ein Schiff fährt vom unteren Flussabschnitt in die Schleusenkammer ein. Tor I ist geöffnet. Tor II ist geschlossen.

C

③ Der Wasserstand in der Schleusenkammer hat die Höhe des oberen Flussabschnittes erreicht. Das Tor II hat sich geöffnet. Das Schiff fährt auf dem oberen Flussabschnitt weiter.

D

④ Das Schiff ist in der Schleusenkammer. Beide Schleusentore sind geschlossen. Wasser wird in die Schleuse gepumpt. Der Wasserstand in der Schleusenkammer steigt.

Das Schiffshebewerk Niederfinow

Nordöstlich von Berlin, in der Nähe von Eberswalde, liegt der kleine Ort Niederfinow. Bekannt ist dieser Ort durch ein großes Schiffshebewerk. Es wurde in einen Kanal eingebaut, der zwei Flüsse miteinander verbindet, die in 36 m Höhenunterschied fließen.

Die Schiffe fahren in einen wassergefüllten „Trog" hinein und werden dann wie in einem Fahrstuhl nach oben oder nach unten befördert. Dann wird der „Trog" geöffnet und die Schiffe können weiterfahren.

Aufgrund des großen Verkehrsaufkommens zwischen Berlin und der Oder reicht das 1934 fertig gestellte Schiffshebewerk nicht mehr aus. Deswegen soll direkt daneben ein neues größeres Schiffshebewerk gebaut werden. Weite Informationen findest du unter **www.schiffshebewerk.de.**

① Suche auf der Karte Seite 4/5 das Schiffshebewerk. An welchem Kanal liegt es?

_____

_____

② Welche Flüsse verbindet der Kanal?

_____

_____

③ Welcher der beiden Flüsse liegt tiefer?

_____

④ Die Skizze zeigt das Schiffshebewerk. Die beiden Schiffe A und B fahren durch den Kanal. Zu welchen Flüssen fahren sie?

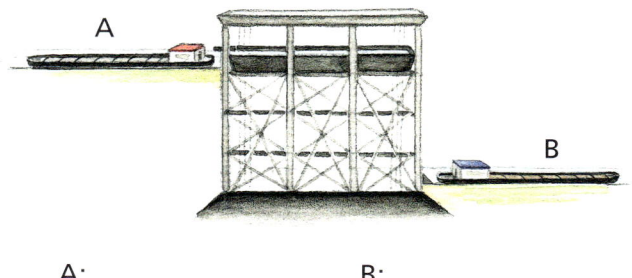

A: _____   B: _____

Schiffshebewerk Niederfinow
Erbaut nach Entwürfen der Wasserstraßenverwaltung – von einer deutschen Firmengemeinschaft

Bauzeit u. Kosten: **1927 – 1934   27,5 Mill.** Reichsmark
Hebewerk: **94 m** lang; **27 m** breit; **60 m** hoch
Trog: **85 m** lang; **12 m** breit; **2,50 m** Wassertiefe
Gewicht mit Wasser: **4300 t**   Hubhöhe: **36 m**
Dauer eines Hubes: **5 Minuten**
Dauer einer Schleusung: **20 Minuten**

Das Schiffshebewerk ist das Bindeglied der Wasserstraßen
ODER – HAVEL – ELBE

Potsdam – die Landeshauptstadt

Potsdam um 1771

Modell des zukünftigen Landtagsgebäudes

Mit ungefähr 182 100 Einwohnern ist Potsdam die größte Stadt Brandenburgs. Potsdam blickt auf eine lange Geschichte zurück. Die Stadt an der Havel wurde bereits 993 erstmals urkundlich erwähnt. Der große Kurfürst machte 1660 Potsdam zu seiner Residenz. Damit begann der lange Aufschwung als Residenzstadt, da auch die später folgenden preußischen Könige die Stadt weiter ausbauen ließen.

Im Jahr 1990 wurde Potsdam die Landeshauptstadt des Bundeslandes Brandenburg. In der Stadt befinden sich die Landesregierung, ihre Ministerien und der Landtag.

An der südwestlichen Stadtgrenze Berlins liegt die Medienstadt Potsdam-Babelsberg.

Auf dem Gelände, das eine Fläche von 46 Hektar hat, werden Fernsehserien, Talkshows und Filme gedreht. Hier produziert auch der Rundfunk Berlin Brandenburg (RBB) sein Radio- und Fernsehprogramm.

Bei einem Rundgang durch den Filmpark Babelsberg kann man erleben, wie ein Filmteam arbeitet, Stuntmen aus einer Höhe von 20 Metern springen und vieles andere mehr.

Medienstadt Babelsberg

1. Finde Potsdam auf der Karte auf Seite 4/5. Notiere das Planquadrat. Notiere weitere Angaben im Steckbrief mithilfe des Textes.

2. Welches Kennzeichen haben die Autos aus Potsdam? Schau auf der Karte auf Seite 16 nach und notiere dieses im Steckbrief.

3. Schlage Seite 15 auf. Schau nach, welche bekannten Sehenswürdigkeiten es in Potsdam gibt. Notiere einige Beispiele.

Stadt-Steckbrief

Name: Potsdam

Autokennzeichen:

Lage auf der Brandenburgkarte: _____

Flüsse: _____

Einwohnerzahl: _____

Bekannte Sehenswürdigkeiten:

_____

_____

_____

Erste schriftliche Erwähnung des Stadtnamens:

_____

⑧

Trage in die Tabelle die Jahreszahlen und die dazugehörenden Medien ein.

Jahreszahl	Medienerfindung

⑦

Die Geschichte der E-Mails

Mit der Schaffung des Internets 1973 entstand die Möglichkeit, zwischen den Computern E-Mails (electronic mail = elektronische Post) zu versenden. Seit der Öffnung des Internets im Jahr 1989 kann sich jeder bei seinem Provider eine E-Mail-Adresse eintragen lassen und damit elektronische Post versenden und empfangen.

Wie wir uns zukünftig informieren

Zukünftig werden die Informationsmöglichkeiten noch vielseitiger. Weiterentwickelte Handys, Taschencomputer und Notebooks bieten die Möglichkeit, sich an jedem Ort zu informieren. Über Funknetze sind die Daten dann überall abrufbar.

①

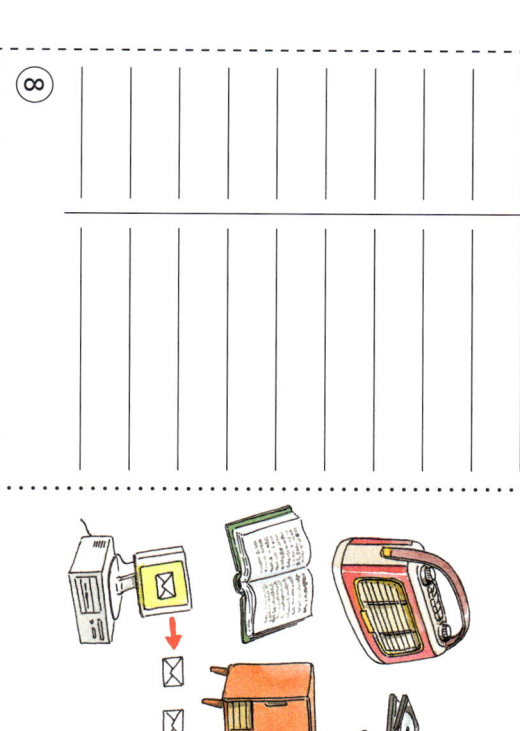

Die Geschichte der Medien

②

Die Geschichte des Buches

Der Drucker Johannes Gutenberg gilt als Erfinder des Buchdrucks. Seit dem Jahr 1438 experimentierte der zunächst zum Goldschmied ausgebildete Gutenberg am Druck von Büchern. In den Jahren von 1452 bis 1455 druckte er mit handgesetzten, gleichen Metalltypen und einer Druckpresse die erste Bibel und andere Bücher.

⑥

Die Geschichte des Internets

Die Internettechnologie wurde 1973 ursprünglich für die Datenübertragung zwischen PCs innerhalb des amerikanischen Verteidigungsministeriums entworfen. 1984 wurde die Technik dieses Netzwerkes freigegeben und weiterentwickelt. Seit 1989 gibt es den bekanntesten Bestandteil, das World Wide Web (www).

Das Internet ist mittlerweile der weltweit größte Zusammenschluss von Computernetzwerken. Man schätzt, dass seit dem Jahr 2004 mehr als 500 Millionen Nutzer an das Internet angeschlossen sind.

⑤

Die Geschichte des Computers und der Speichermedien

Der deutsche Ingenieur Konrad Zuse baute 1936 die erste programmgesteuerte Rechenmaschine. 1943 folgte der erste elektronische Digitalcomputer zum Entschlüsseln von Funksprüchen. Ab 1985 verbreiteten sich Personalcomputer (PCs) sprunghaft im Geschäftsbereich und in privaten Haushalten.

Zur Datenübertragung von einem PC zu einem anderen dienten zuerst Disketten. Die CD (Compact Disk) wurde 1982 erfunden. Sie speicherte wesentlich größere Datenmengen. Die 1996 erfundene DVD (Digital Versatile Disc) dient zur Übertragung von Videos und Software.

③

Die Geschichte der Tageszeitungen

Der Leipziger Drucker und Buchhändler Ritzsch gab im Jahr 1650 die erste Tageszeitung heraus. Jede Ausgabe hatte vier Seiten und war 13 mal 17 Zentimeter groß. Vor 1650 gab es nur Zeitungen mit handschriftlich notierten Neuigkeiten. Die Zeitungen wurden über Reiterkuriere und Postkutschen befördert.

Am 6. Juni 2000 erschien die Briefmarke der Deutschen Bundespost mit dem Motiv „350 Jahre Tageszeitung".

④

Die Geschichte des Rundfunks und des Fernsehens

Die ersten Rundfunksendungen in Deutschland waren 1917 Musikübertragungen für Soldaten im 1. Weltkrieg. Ab 1923 gab es tägliche Sendungen aus Berlin. 1925 gab es in Deutschland schon über 1 Million Hörer.

Erste große Fernsehsendungen erfolgten 1936 zu den Olympischen Spielen in Berlin. Ab 1952 konnte sich jeder für das öffentliche Fernsehen anmelden. Im Jahr 1967 wurde das Farbfernsehen eingeführt. Seit 1970 gibt es Videorecorder.

① Schneide an den ----- gestrichelten Linien und falte an den .... gepunkteten Linien. Falte dir nach der Anweisung von Seite 14 ein Heft zu „Bedeutende Erfindungen". Bearbeite das Heft.

Bedeutende Erfindungen

Bedeutende Erfindungen

Bedeutende Erfindungen

Manche Erfindungen können nicht eindeutig einer Person zugeordnet werden, weil mehrere Personen an verschiedenen Orten daran gearbeitet haben. Oft ist auch das genaue Erfindungsjahr unklar.

Jahr	Erfindung	Erfinder
1450	Buchdruck	Gutenberg
1714	Schreibmaschine	Mill
1769	Dampfmaschine	Watt
1800	Batterie	Volta
1810	Nähmaschine	Krems
1822	Fotoapparat	Niépce
1861	Telefon	Reis
1879	Glühlampe	Edison
1903	Motorflugzeug	Wright
1936	Computer	Zuse
1936	Hubschrauber	Focke

(⑧)

(⑦)

Computer (   )

Erfinder:

Während seines Studiums musste der Erfinder viele Berechnungen durchführen. Das brachte ihn darauf, eine Rechenmaschine zu bauen. Diesem ersten Computer (Z1) folgte 1941 der Z 3, dem ersten funktionsfähigen Computer mit Relais.

Bedeutende Erfindungen

Otto Lilienthal

(①)

1. Trage neben der Erfindung das Jahr der Erfindung ein. Notiere unter den Abbildungen den Namen des Erfinders.

Dies Heft gehört: Name

(①)

(⑥)

Flugzeug (   )

Erfinder:

Das erste motorbetriebene Flugzeug wurde von Brüdern erfunden, die beruflich Fahrradmechaniker waren. Das Flugzeug bestand aus zwei übereinanderliegenden Tragflächen und einem kleinen Motor, der über Ketten zwei Propeller antrieb.

Buchdruck (   )

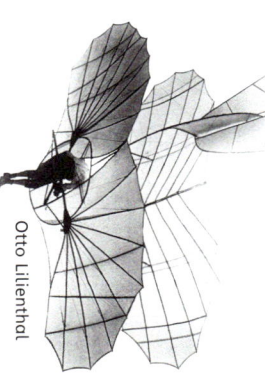

Erfinder:

Vor 1440 wurden auf Holzbretter Schriftzeichen eingeschnitten und abgedruckt. Mit der Erfindung des Buchdrucks wurden aus Metall Einzelbuchstaben hergestellt, die zu Texten gesetzt wurden. Die Buchstaben wurden wieder verwendet.

(②)

(⑤)

Telefon (   )

Erfinder:

Das erste Telefongespräch führte der Erfinder in seinem Garten. Das Gerät bestand aus einer mit einer Wursthaut verklebten hölzernen Ohrmuschel. Der Amerikaner Bell erhielt 1876 das Patent für sein weiterentwickeltes Telefon.

Fotoapparat (   )

Erfinder:

Das erste Bild der Welt wurde acht Stunden belichtet und ist heute noch erhalten. Als Fotoapparat diente ein innen dunkler Behälter mit einem kleinen Loch. Als Film diente eine Substanz aus lichtempfindlichem Asphalt.

(③)

(④)

Glühlampe (   )

Erfinder:

Zur Erfindung der Glühlampe waren mehr als 9000 Versuche nötig. Der Erfinder hat eigentlich nur die Ideen anderer Forscher umgesetzt und die Glühlampe so verbessert, dass er das Patent dafür erhielt.

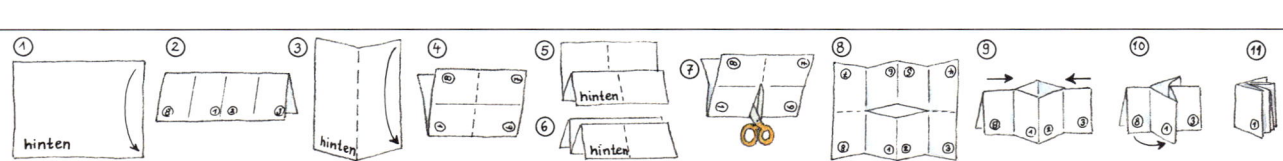

Sehenswürdigkeiten in Potsdam

Potsdam hat viele Sehenswürdigkeiten. Ein großer Anziehungspunkt ist das weltbekannte Schloss Sanssouci (sprich: ßang-ßu-ßi) in dem gleichnamigen Park.

Schlossanlage Sanssouci

(1) Lies den folgenden Lückentext und setze die Begriffe richtig ein:

Sommersitz, Knobelsdorff, Museum, 250, französisch.

Vor über _____ Jahren ließ der Preußenkönig Friedrich II., auch Friedrich der Große oder der „Alte Fritz" genannt, das Schloss Sanssouci auf der obersten Terrasse eines Weinberges errichten. Der Name „Sanssouci" ist

_____ und bedeutet „ohne Sorgen". Der Architekt war

Georg Wenzeslaus von _____ .

Das Schloss diente dem König als _____ . Hier wohnte er fast 40 Jahre lang, immer von April bis Oktober. Heute ist das Gebäude

ein _____ .

(2) Suche auf der Bildkarte das Schloss und markiere den Standort.

(3) Wähle aus den auf der Bildkarte abgebildeten Sehenswürdigkeiten drei aus und markiere ihre Standorte. Schreibe ihre Namen auf.

_____

_____

_____

(4) Besorge dir von einer Sehenswürdigkeit Informationsmaterial (Bücher, Prospekte, Internet: www...). Informiere deine Mitschülerinnen und Mitschüler.

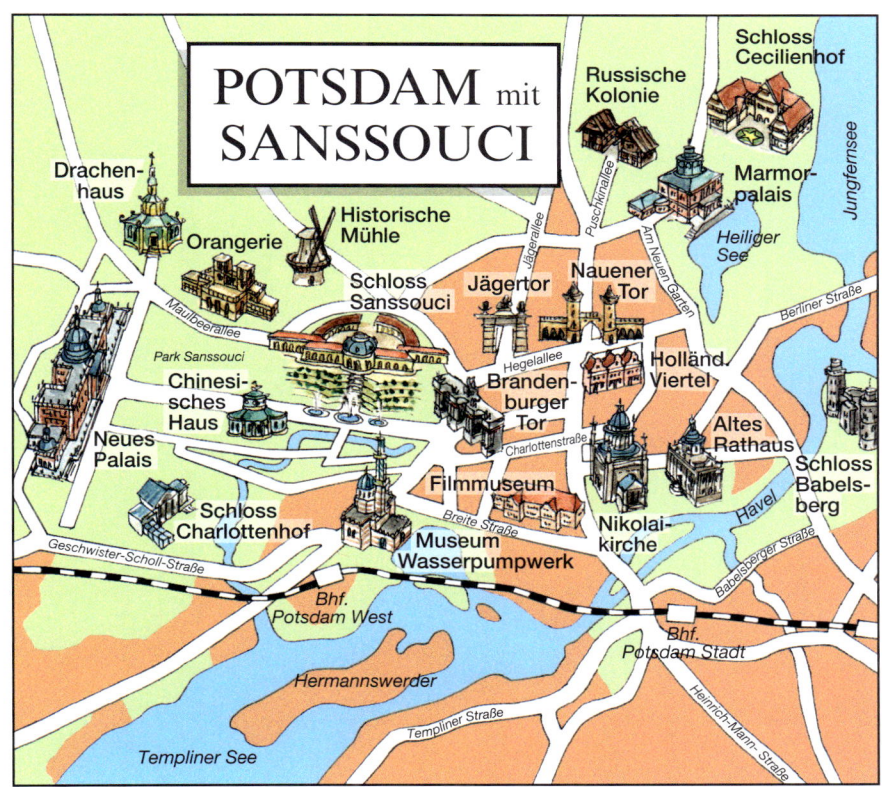

Verwaltungskarte: Brandenburg

Brandenburg ist in vier kreisfreie Städte (hellblaue Kreise) und 14 Landkreise (weiße Kreise) untergliedert. Jeder Landkreis hat eine Kreisstadt. Die Städte **Potsdam, Brandenburg, Cottbus** und **Frankfurt** gehören keinem Landkreis an. Deswegen werden sie kreisfreie Städte genannt. (Hinten auf dem Umschlag findest du die Wappen der Kreise und kreisfreien Städte.) Die Hauptstadt des Bundeslandes Brandenburg ist Potsdam mit dem Sitz der Landesregierung. Über dem Landeshaus weht die Landesfahne. In Brandenburg leben ca. 2,5 Millionen Menschen auf einer Fläche von 29 654 km².

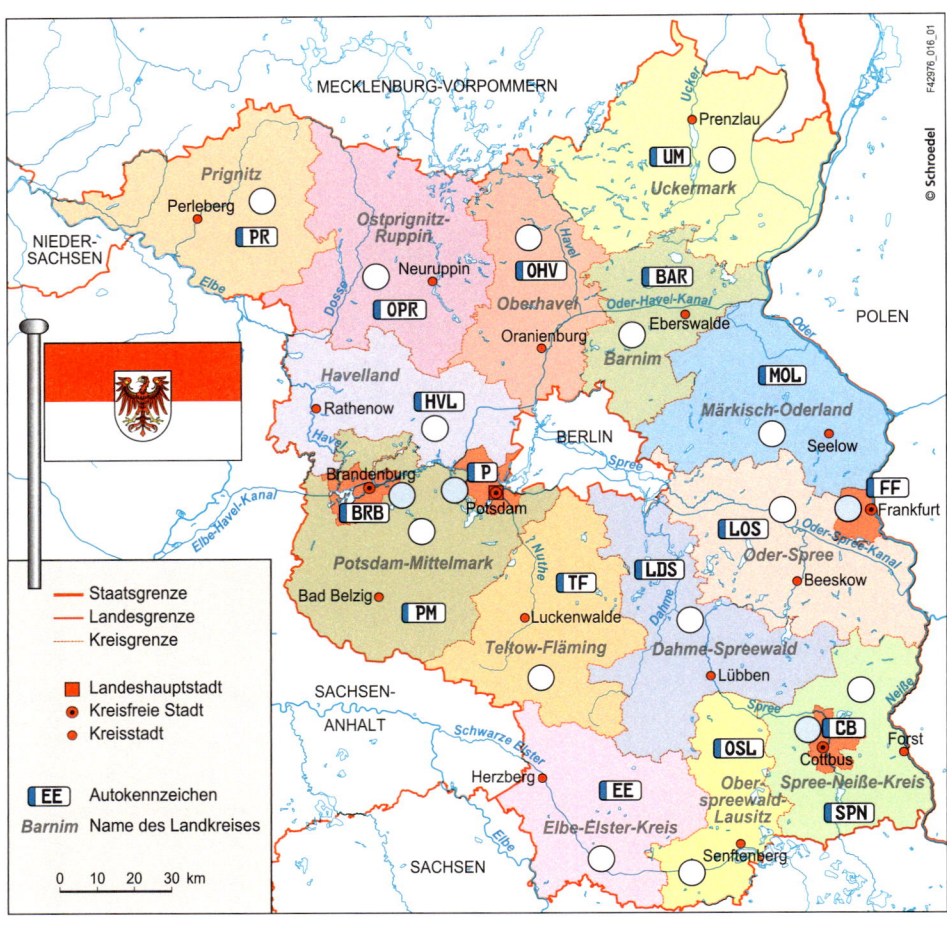

1   Welches Autokennzeichen haben die Autos in deinem Wohnort?

2   Finde deinen Landkreis oder deine kreisfreie Stadt auf der Karte. Kreuze an.

3   Finde auf der Karte zu den Autokennzeichen die Namen der Landkreise und kreisfreien Städte. Notiere sie.

PR _____

OHV _____

UM _____

OPR _____

BAR _____

HVL _____

MOL _____

LOS _____

P _____

BRB _____

TF _____

PM _____

SPN _____

LDS _____

OSL _____

EE _____

CB _____

FF _____

Städte in Brandenburg

Eine Stadt mit mehr als 100 000 Einwohnern wird als Großstadt bezeichnet. Berlin gilt aufgrund der 3 664 100 Einwohner als Millionenstadt. Brandenburg hat im Vergleich zu anderen Bundesländern nur wenige große Städte. Potsdam liegt nach der Einwohnerzahl auf Platz 47 in der Liste der deutschen Großstädte.

Die 8 größten Städte in Brandenburg:

		Planquadrat
1. Potsdam	182 100 E.	_____
2. Cottbus	98 700 E.	_____
3. Brandenburg	72 000 E.	_____
4. Frankfurt (Oder)	57 000 E.	_____
5. Oranienburg	45 500 E.	_____
6. Falkensee	44 200 E.	_____
7. Eberswalde	41 000 E.	_____
8. Bernau (bei Berlin)	41 000 E.	_____

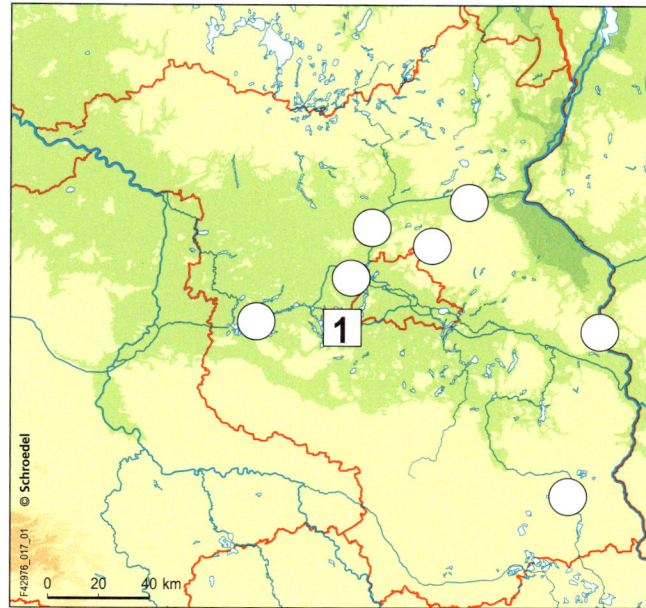

0   20   40 km

© Schroedel

F42976_017_01

(1) Finde die acht größten Städte Brandenburgs auf der Karte Seite 4/5. Trage die Planquadrate ein.

(2) Ordne in der Karte den Städten ihre Nummern aus der Liste zu. (Potsdam = 1)

(3) Finde auf der Karte ungefähr die Stelle, wo deine Stadt/dein Wohnort liegt. Zeichne deinen Wohnort in der Karte als roten Punkt ein.

(4) Schreibe einen Steckbrief zu deiner Stadt oder deinem Ort. Informiere dich aus Büchern, über das Internet und im Rathaus.

(5) Abbildungen kannst du aus Büchern kopieren, aus Prospekten ausschneiden oder über das Internet suchen und ausdrucken.

Stadt-/Orts-Steckbrief

Name: _____

Autokennzeichen: [____]

Lage auf der Brandenburg-Karte: _____

Gewässer: _____

Einwohnerzahl heute: _____

Bedeutende Wirtschaftsbereiche:

_____

_____

_____

Besonderheiten: _____

_____

_____

Bekannte Sehenswürdigkeiten:

_____

_____

Gründungsjahr: _____

Stadtrecht: _____

Die Oder – ein Grenzfluss

Die Oder hat eine Länge von ungefähr 850 Kilometern. Sie entspringt in der Tschechischen Republik und fließt durch Polen.
Nördlich von Guben bis nördlich von Schwedt bildet die Oder die Grenze zwischen Deutschland und Polen.
Bei Stettin (Szczecin) mündet sie in das Stettiner Haff.

1. Schreibe die Namen von drei Städten auf, die an der Oder liegen.

_____

_____

_____

2. Wie heißt die Oder auf polnisch? Schau in der Karte nach.

_____

3. Über welche Strecke bildet der Fluss die Grenze zwischen Deutschland und Polen? (Die Messmethode findest du auf Seite 5, Aufgabe 3 b).

_____

Die Oder wird von Fahrgastschiffen, Motorgüterschiffen und von Schubverbänden befahren. Mit Passagierschiffen können von Frankfurt/Oder Tagesfahrten unternommen werden, zum Beispiel nach Eisenhüttenstadt oder nach Küstrin (Kostrzyn) in Polen. Aufgrund der großen Schwankungen des Wasserstands (Hoch- bzw. Niedrigwasser) ruht in manchen Jahren für einige Zeit der Schiffsverkehr, ebenso im Winter bei Vereisung des Flusses. Im Vergleich der deutschen Ströme hat die Oder die häufigsten und die längsten Eissperren für die Schifffahrt.

Schubverband auf der Oder

Frankfurt/Oder ist eine Stadt am Westufer der Oder. Mit ungefähr 57 000 Einwohnern ist sie die viertgrößte Stadt des Landes Brandenburg. Als bedeutende Grenzstadt zu Polen ist Frankfurt durch drei Brücken mit Polen verbunden: die Autobahnbrücke, die Eisenbahnbrücke und die Stadtbrücke.

Über die Stadtbrücke ist die polnische Nachbarstadt Słubice (sprich: Swubize) zu Fuß in zehn Minuten vom Frankfurter Stadtzentrum aus zu erreichen. Ungefähr 2000 Menschen überqueren täglich diese Brücke.

Frankfurt/Oder hat seit 1991 wieder eine Universität, die Europa-Universität Viadrina. Hier studieren mehr als 3000 Studenten aus Deutschland und Polen, aber auch aus anderen Ländern Europas und der Welt. Die am Grenzfluss liegende Universität hat ihre Lehrstätten auf beiden Seiten der Oder, in Frankfurt und in Słubice.

Das Oderbruch befindet sich zwischen den Städten Oderberg im Norden und Lebus im Süden. Das Gebiet ist 60 Kilometer lang und bis zu 20 Kilometer breit.

Das Oderbruch ist bei Hochwasser stark gefährdet, weil es unterhalb des Wasserspiegels der Oder liegt. Im Sommer 1997 kam es hier zur letzten schweren Hochwasserkatastrophe, verursacht durch lang anhaltende Regenfälle. Da zum Teil die Deiche brachen, richteten die Wasserfluten in vielen Ortschaften und Städten große Schäden an. Über 2000 Menschen mussten in diesem Abschnitt der Oder ihre Häuser vorübergehend verlassen. In den Jahren danach wurden die Deiche verstärkt und erneuert.

(4) Schreibe die Namen von zwei Orten auf, die im Oderbruch liegen.

Das untere Odertal ist seit 1995 ein Nationalpark. Diese grenzüberschreitende Schutzzone erstreckt sich von Stettin bis nach Hohensaaten. Die großflächige Flussauenlandschaft ist ein Lebensraum für viele seltene und geschützte Tiere und Pflanzen, wie z. B. Seeadler, Biber, Fischotter oder Schwimmfarn.

Frankfurt/Oder (Vordergrund)

Europa-Universität Viadrina

Hochwasser bei Küstrin

Während des Vogelzuges sammeln sich hier Tausende von Gänsen, Schwänen und Kranichen. Für Besucher des Nationalparks werden geführte Erkundungstouren durch den artenreichen Lebensraum angeboten.

(5) Umkreise das Gebiet des Nationalparks „Unteres Odertal" auf der Karte Seite 18 mithilfe der Karte auf Seite 32.

Lebensraum Wasser

See

Fluss

Kanal

Nur wenige Bundesländer haben so viele Natur-
räume wie Brandenburg. Neben kleinen Wasser-
flächen sind zahlreiche große Gewässer – Flüsse,
Seen und Kanäle zu finden. Flüsse und Seen
sind natürlich entstanden. Kanäle sind von
den Menschen gebaute Verkehrswege.
Die Gewässer werden vielfältig genutzt. Zahlreiche Tiere leben im, am oder auf dem Wasser.
Menschen nutzen die Seen in der Freizeit zur
Erholung oder um Wassersport zu treiben. Große
Flüsse dienen ebenso wie Kanäle als Verkehrswege. Aufgrund des Schiffsverkehrs ist das
Baden in Flüssen nur an ausgewiesenen Bade-
stellen erlaubt, in Kanälen generell verboten.

(1) Notiere den Unterschied zwischen einem
Fluss und einem Kanal.

_____

_____

_____

(2) Die Fotos unten zeigen, wie die Gewässer
genutzt werden. Schreibe die passenden
Begriffe unter die Fotos. Die Silben helfen
dir: **Er – ho – kehrs – lung – Na – raum –
sport – ser – tur – Ver – Was – weg.**

_____

_____

_____

_____

Rohrweihennest im Schilf

Röhricht

Die Ufer vieler naturnaher Gewässer sind dicht mit Schilf bewachsen. Die Wurzeln der Schilfpflanzen halten den Sandboden fest. Zwischen den Schilfwurzeln entsteht aus Pflanzenresten eine nährstoffhaltige Humusschicht.

Das Schilf schützt das Ufer, Wasser und Wellen können dort den Boden nicht fortspülen.

Das Schilf und andere Pflanzen bilden das Röhricht, einen Lebensraum, der vielen Tieren, zum Beispiel Vögeln, Fischen oder Insekten Brut- und Futterplätze bietet. Jungfische, Kaulquappen und Insektenlarven wachsen geschützt zwischen den Schilfhalmen heran. Deshalb muss das Röhricht geschützt werden.

Der freie Zugang an die Ufer von Flüssen und Seen zum Baden, Surfen, Bootfahren oder Angeln ist für viele Menschen selbstverständlich. Aber zu viele Besucher und rücksichtsloses Verhalten gefährden die empfindlichen Uferbereiche. An vielen Ufern Berliner Gewässer mussten Schilfgürtel neu angelegt und über viele Jahre gepflegt werden, bis wieder Röhrichte entstanden.

③ Unterstreiche im Text, welche Schutzfunktionen das Röhricht hat.

④ Schreibe auf, wodurch das Röhricht gefährdet wird. _____

_____

_____

Wassergewinnung

Regenwasser fließt in Flüsse und Seen oder dringt in den Boden ein. Dort wird es von den Pflanzen aufgenommen oder versickert im Erdreich. Dabei werden viele Schmutzteilchen, die im Wasser waren, durch Kies- und Sandschichten herausgefiltert. Das durch die Natur vorgereinigte Grundwasser ist gut geeignet für die Gewinnung von Trinkwasser. Reicht das Grundwasser nicht aus, muss auch Wasser aus Flüssen entnommen werden.

Das Flusswasser kann aber erst dann zur Trinkwassergewinnung genutzt werden, wenn es in Ufernähe durch den Ufersand und Uferkies gesickert ist. Dadurch wird, wie beim Regenwasser, die Filterwirkung des Bodens genutzt. Über Pumpen wird das Grundwasser aus Brunnen in das nächste Wasserwerk gepumpt. Hier wird es zu Trinkwasser aufbereitet, das farblos, klar und geruchlos sein muss.

In Brandenburg sorgen mit moderner Technik ausgestattete Wasserwerke für ausreichend Trinkwasser, das überwiegend aus Grundwasser gewonnen wird. Die Wasserwerke liegen an Seen, Flüssen oder in größeren Waldgebieten.

Der durchschnittliche tägliche Wasserverbrauch lag im Jahr 2010 bei etwa 120 Litern pro Person. Wenn Trinkwasser genutzt wurde, wird es zu Abwasser.

Wasserwerk

Vorratsbehälter

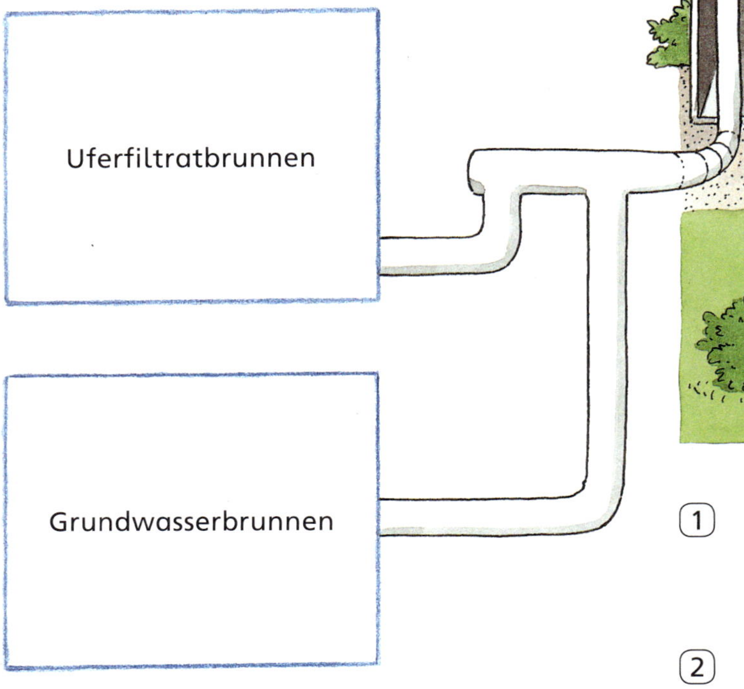

Uferfiltratbrunnen

Grundwasserbrunnen

① Male die Wasserleitungen aus:
Rohwasserleitungen: Grün
Trinkwasserleitungen: Blau

② Erkundigt euch, aus welchem Wasserwerk euer Trinkwasser kommt.

③ Schneide die Bilder am unteren Blattrand auf Seite 21 aus. Lege sie auf die richtigen Kästchen auf Seite 22 und klebe sie mit Klebefilm am oberen Rand fest. Wenn du die Bilder jetzt hochklappst, kannst du lesen, woher das Rohwasser jeweils kommt.

Das zuvor durch Erdschichten gesickerte Grundwasser wird hochgepumpt und in das Wasserwerk geleitet.

Das in den Uferzonen durchgesickerte Flusswasser wird abgepumpt und in das Wasserwerk geleitet.

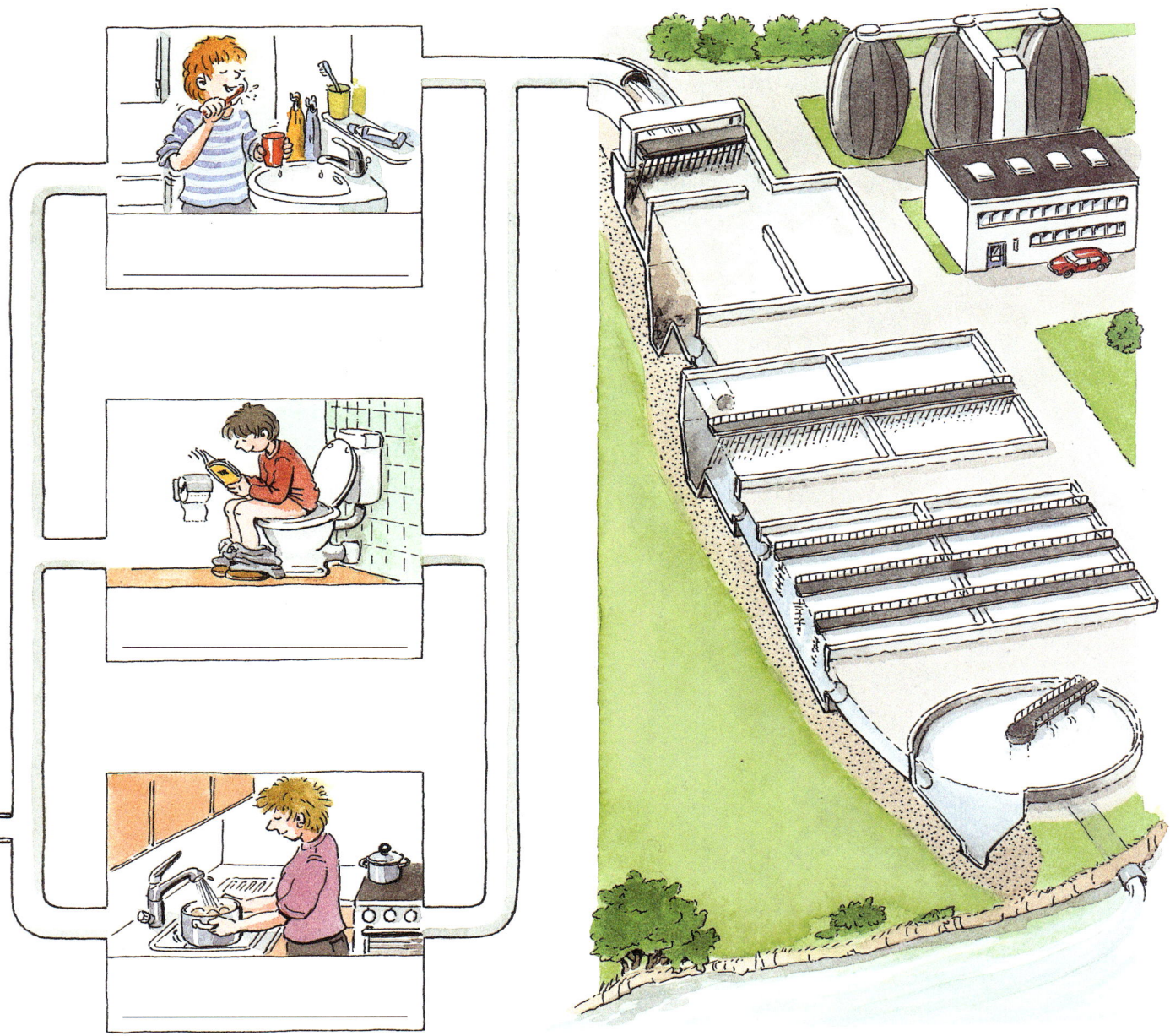

Im Haushalt wird Wasser für verschiedene Zwecke genutzt: Als Reinigungsmittel, als Transportmittel und als Lebensmittel. Bei jedem Gebrauch wird es verschmutzt. Das verschmutzte Wasser gelangt über Abwasserleitungen in Klärwerke. Die Bilder zeigen dir drei Beispiele, wie Wasser im Haushalt gebraucht wird.

1 Schreibe jedes der drei folgenden Wörter unter das richtige Bild: **Lebensmittel – Reinigungsmittel – Transportmittel**.

Das Abwasser ist mit Schmutz, Krankheitserregern und zum Teil mit Giften belastet. Es gefährdet die Gewässer und die Natur. Deshalb wird Abwasser in Kläranlagen gründlich gereinigt. Danach wird es in Bäche und Flüsse wieder zurückgeleitet.

2 Male die Wasserleitungen richtig an:
Trinkwasserleitungen: Blau
Abwasserleitungen: Braun

Im Spreewald

Bootsfahrt im Spreewald

Gurkenernte

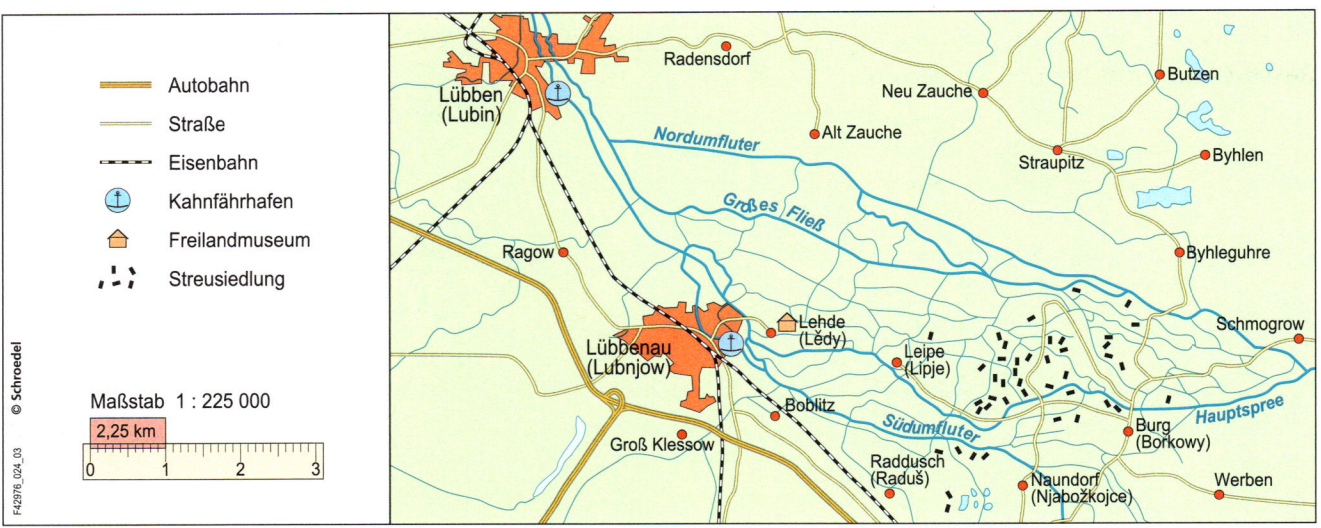

Autobahn
Straße
Eisenbahn
Kahnfährhafen
Freilandmuseum
Streusiedlung

Maßstab 1 : 225 000

2,25 km

0   1   2   3

© Schroedel

Östlich von Lübbenau fließt die Spree durch eine in ganz Europa einmalige Auenlandschaft, den Spreewald. In wendischer Sprache „Błota" (Sumpfland, sprich: Bwota) genannt.

Sein typisches Aussehen, die vielen Kanäle und Fließe, schufen die wendischen Siedler. Im Spreewald herrschen auch heute noch Streusiedlungen aus wenigen Gehöften vor. Nur am Rande des Spreewaldes gibt es größere Städte.

Früher war den Menschen diese Wasser- und Sumpflandschaft unheimlich. Zahlreiche Sagen erzählen von geheimnisvollen Wasserwesen und anderen Geistern.

Heute ist nur noch ein Sechstel der Fläche des Spreewaldes mit Wald bedeckt. Der größte Teil ist landwirtschaftliche Nutzfläche. Vor allem Gemüse wird dort angebaut.

Der wichtigste Wirtschaftszweig ist aber der Fremdenverkehr. Besonders beliebt sind die Bootsfahrten auf den Fließen. Da der Spreewald durch seine Vielfalt der Lebensraum zahlreicher seltener Tier- und Pflanzenarten ist, wurden viele Naturschutzmaßnahmen getroffen. Der Spreewald wurde als Biosphärenreservat unter internationalen Schutz gestellt.

1 Schreibe auf, was für den Spreewald typisch ist.

Landwirtschaft: _____

Tourismus: _____

Die Wenden

In der Niederlausitz, besonders im Spreewald und im Gebiet von Cottbus, leben in Brandenburg die Wenden, auch Sorben genannt. Sie sind die Nachfahren der Slawen, die seit dem 6. und 7. Jahrhundert den Raum östlich der Elbe besiedelten.

Besuchern der Lausitz fallen zuerst die Ortstafeln oder Straßenschilder in zwei Sprachen auf.

Es gibt aber auch Zeitungen, Radio- und Fernsehprogramme sowie Schulunterricht in wendischer Sprache. Bis heute sind viele Sagen, Geschichten und Bräuche im Volk lebendig geblieben und erfreuen sich wachsender Beliebtheit. Dazu gehören das „Hahnrupfen" und das „Zampern", sowie das Osterfeuer oder das Ostereierbemalen. Zu all diesen Anlässen und Festen werden auch immer häufiger die schönen, typischen Trachten getragen.

① Schau auf der Karte Seite 24 nach wendischen Ortsnamen. Notiere drei Beispiele.

_____

_____

_____

② Finde Cottbus auf der Karte Seite 4/5.

Notiere das Planquadrat. _____

③ Erkundige dich nach dem Ursprung und der Bedeutung wendischer Bräuche. Benutze zur Recherche auch das Internet.

Sorbische Tracht

Lübbenau
Lubnjow

Hahnrupfen

Sorbische Ostereier

Der Wassermann

Der Nykus ist ein Wassermann,
der böse oder gut sein kann.
Der Herr der Flüsse und der Seen
ist unter Menschen oft zu sehen.
Bist du sein Freund, hilft er dir gern;
ist er dein Feind, bleib du ihm fern.

Nykus

Nykus abo wodny muž
to jo zły a dobry luź
Nyks jo knĕz tam pod wodu,
štrumpy jogo mokše su.
Bĕdnym luźom pomaga,
špatnym pak zlĕ zejgrawa.

Deutsche Bundespost 60
SORBISCHE SAGEN
Geiger und Wassermann

Deutsche Bundespost 100
SORBISCHE SAGEN
Mittagsfrau und Nachtenerin

Die Mittagsfrau

Die Sichelfrau im weißen Kleide
streift mittags über Feld und Weide:
Denn mittags soll die Arbeit ruhn;
wenn nicht, wird sie dir Böses tun.
Doch redest du vier Viertelstunden,
ist sie versöhnt und schnell verschwunden.

Pśezpołdnica

Serpkśiwa sucha ženska bĕła
jo połdnjo swojo knĕstwo mĕła:
Chtož njejo mogał wulicyś,
kak lan se žĕłaś ma a žnĕś
tom' głowu ned jo wotrubnuła
a z groznym smjaśim wutšachnuła.

Landwirtschaft in Brandenburg

Spargel · Bohnen · Äpfel · Birnen · Erdbeeren · Raps · Roggen

Legende:
- Ackerbau auf guten Böden
- Ackerbau auf geringwertigen Böden
- Wiesen, Weiden
- Wald
- Intensive Landwirtschaft

- Obst
- Gemüse
- Zuckerrüben
- Getreide
- Ölfrüchte
- Tabak
- Spargel

Brandenburg gehört nicht zu den besonders guten Landwirtschaftsgebieten Deutschlands. Dies liegt in erster Linie an den Böden, welche die Eiszeiten hinterlassen haben. Aber auch die geringen Niederschläge spielen für den Anbau bestimmter Nutzpflanzen eine Rolle. So werden in Brandenburg vor allem Roggen, Gerste und Kartoffeln angebaut.

Dennoch gibt es auch Regionen mit besonderen Boden- und Klimaverhältnissen, wo ausgewählte Nutzpflanzen gut wachsen. Solche Sonderkulturen sind der Obstanbau, der Gemüseanbau, der Spargelanbau und der Tabakanbau. In den letzten Jahren werden vermehrt Ölfrüchte wie Raps, Sonnenblumen oder Öllein angebaut. Aus Raps wird auch Biodiesel, ein Treibstoff für Dieselautos, hergestellt.

① Schreibe auf, welche Sonderkulturen in folgenden Regionen angebaut werden.

Havelland: _____   Barnim: _____

Beelitz: _____   Spreewald: _____

Oderbruch: _____   Niederlausitz: _____

Uckermark: _____   Fürstenwalde: _____

In der Landwirtschaft hat sich in den letzten 100 Jahren viel verändert. Früher arbeiteten viele Menschen auf dem Bauernhof und erledigten in schwerer Handarbeit, was jetzt Maschinen in viel kürzerer Zeit schaffen.

Damals pflügte der Bauer mit dem Pferde- oder Kuhgespann, säte mit der Hand aus und hackte den Boden gegen Wildkräuter, schnitt das Getreide mit der Sense und lud die Feldfrüchte mit der Gabel auf den Wagen.

Heute stehen auf den Höfen teure Traktoren, Sä- und Pflanzmaschinen, Mähdrescher, Maishäcksler, Packenpressen für die großen, runden Strohoder Heuballen und Vollernter für Kartoffeln oder Getreide. Diese Maschinen sind aber sehr teuer und sie lohnen sich nur, wenn ein Landwirt große Anbauflächen hat. So pachteten oder kauften viele Landwirte noch Land dazu.

Die Menschen möchten möglichst preisgünstig einkaufen. Deshalb müssen die Landwirte vor allem Eier und Fleisch zu niedrigen Preisen anbieten. Das können sie aber nur, wenn sie in ihren Ställen viele Tiere der gleichen Art halten und sie mit wenigen Arbeitskräften versorgen.

Immer mehr Verbraucher wollen jedoch keine Lebensmittel mehr kaufen, die in Massentierhaltung billig erzeugt wurden. Sie kaufen Fleisch- und Wurstwaren sowie Eier bei einem Ökobauern direkt auf dessen Hof oder an seinem Stand auf dem Wochen-

Pflügen früher

Pflügen heute

Heuernte früher

Heuernte heute

Ferien auf dem Bauernhof

Hofladen

markt. Sie bevorzugen diese etwas teureren Lebensmittel, weil auf einem Ökohof die Tiere artgerecht gehalten werden und Futter bekommen, das weitgehend aus ökologischem Anbau stammt.

Für viele landwirtschaftliche Betriebe reichen die Einkünfte aus dem Ackerbau und der Viehhaltung nicht aus. Deshalb bieten manche Landwirte und ihre Familien Urlaub auf dem Bauernhof an. Für die

Gäste, vor allem für die Kinder, werden Tiere gehalten, die sonst nur noch selten auf einem Bauernhof zu finden sind: Schafe, Ziegen, Esel, Enten, Gänse und Kaninchen. Da das Reiten bei Kindern besonders beliebt ist, gibt es auf vielen Ferienhöfen Ponys und Reitpferde.

2 Erkläre mithilfe der Bilder den Wandel in der Landwirtschaft.

Rüdersdorf und Fläming-Skate

Einen tiefen Blick in die Vergangenheit bietet der große Kalksteinbruch in **Rüdersdorf** östlich von Berlin. Noch heute kann hier erforscht werden, welche Pflanzen und Tierarten vor über 200 Millionen Jahren in unserer Region lebten. Damals war ganz Mitteleuropa von einem flachen warmen Meer bedeckt. Darin lebten Pflanzen- und Tierarten, die längst ausgestorben sind. Versteinerungen dieser Lebewesen (Fossilien) sind im Kalkstein eingeschlossen. Sie können in der Umgebung Berlins nur in Rüdersdorf gefunden und gesammelt werden, weil die Kalkschichten hier bis an die Oberfläche reichen. Im Stadtgebiet Berlins liegen die mächtigen Kalkschichten dagegen teilweise 600 m tief. Bereits seit 700 Jahren wurde der Kalkstein als Baumaterial genutzt. Auch für den Bau des Berliner Doms, des Brandenburger Tores und des Reichstagsgebäudes wurde Rüdersdorfer Kalkstein verwendet.

① Beschreibe, wodurch wir heute Kenntnisse über ausgestorbene Tiere haben.

Im Jahr 2002 wurde ca. 40 km südlich von Berlin die **Fläming-Skate** fertig gestellt. Es handelt sich um eine für Skater gebaute Bahn, die 100 km lang und 3 m breit ist. Ergänzt wird die Fläming-Skate durch über 75 km Radwege, die genutzt werden dürfen. Damit ist die Fläming-Skate Europas längste Skate-Bahn und zugleich ein ideales Revier für Rad- und Rollstuhlfahrer.

Die Fläming-Skate bietet beste Möglichkeiten für Tagesausflüge, einen Wochenendkurzurlaub oder längere Skate-Ferien. Neben der langen autofreien Strecke gibt es noch zwei kürzere Rundkurse von 12 km Länge bei Luckenwalde und Jüterbog. Entlang der Strecken gibt es zahlreiche Rastplätze, Gaststätten und Hotels. Die Ortschaften am Streckenrand bieten den Freizeitsportlern Abwechslungen. Zahlreiche Sonderveranstaltungen locken immer mehr Gäste an. Alle Streckenabschnitte werden detailliert unter www.flaeming-skate.de vorgestellt.

② Suche auf der Karte Seite 4/5 die Fläming-Skate.

Entstehung der Braunkohle

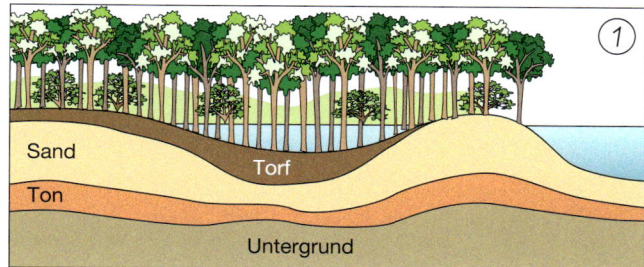

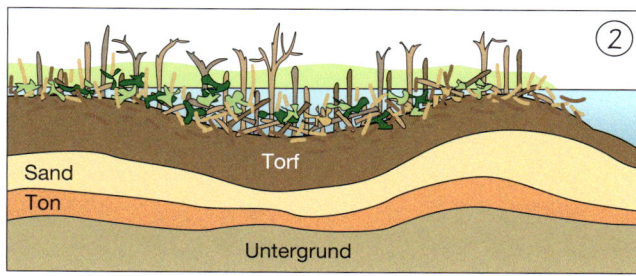

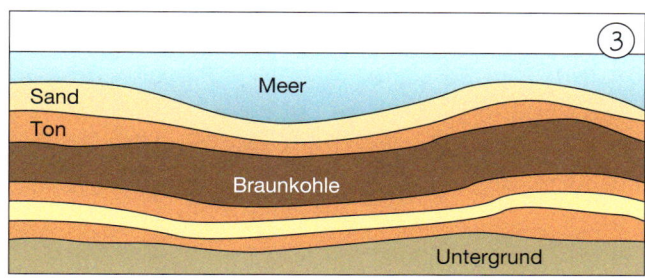

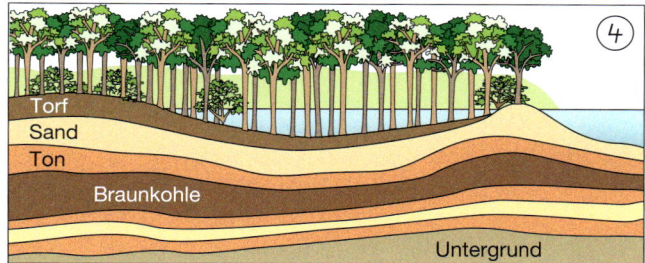

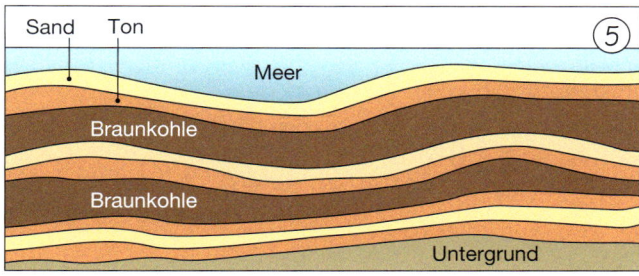

Vor 300 Millionen Jahren gab es ausgedehnte Sumpfwälder im Gebiet des heutigen Brandenburgs. Die Bildreihe ① – ⑥ stellt dar, wie im Laufe von vielen Millionen Jahren aus diesen Wäldern die Braunkohle entstand, die heute abgebaut wird.

① Betrachte die Bilder und lies die Texte.

② Ordne die Texte den Bildern ① – ⑥ zu. Schreibe die zutreffenden Nummern in die Kästchen vor den Texten. Lies die Texte in der richtigen Reihenfolge.

☐ Durch das Absinken und Heben des Landes werden die Braunkohleschichten verschoben, gefaltet oder zerrissen. An manchen Stellen gelangt die Braunkohle an die Erdoberfläche, wo sie heute im Tagebau abgebaut wird.

☐ Viele Bäume und Pflanzen sterben ab und versinken im Morast. Dort verfaulen sie nicht und bilden eine immer dickere Torfschicht, die noch viel Wasser enthält.

☐ Im Sumpfwald ist es feucht und heiß. Der Boden ist morastig. In diesem Wald stehen Bäume, die anders aussehen als die Bäume heute. Es gibt riesengroße Farne, Schachtelhalme und 30 m hohe Schuppenbäume. Es gibt Urzeittiere und Urzeitpflanzen, aber noch keine Menschen.

☐ Das Land hebt sich wieder. Neue Sumpfwälder entstehen. Durch absterbende Pflanzen bilden sich neue Torfschichten.

☐ Das Land senkt sich erneut und wird wieder vom Meer überflutet. Sand- und Schlammschichten lagern sich über der neuen Torfschicht ab. Aus dem neu entstandenen Torf wird Braunkohle.

☐ Das Land senkt sich ab und wird vom Meer überspült. Das Land wird zum Meeresboden. Da dieser sich weiter absenkt, wird die Torfschicht mehrfach von Sand und Schlamm überdeckt. Durch den Druck der vielen Schichten wird aus dem Torf Braunkohle.

Braunkohlentagebau in der Lausitz

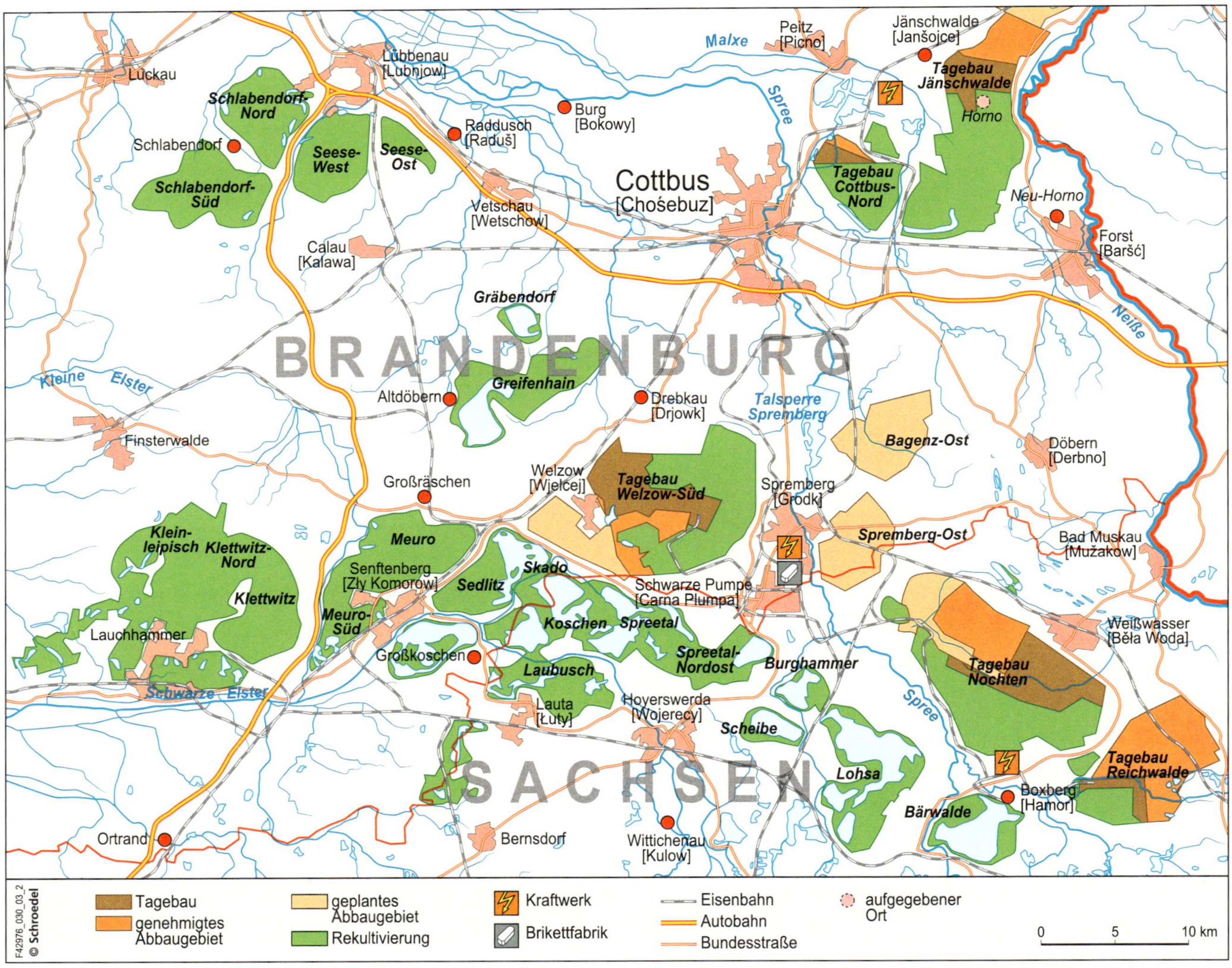

The map shows the Lausitz region with the following labels:

Lückau · Schlabendorf-Nord · Schlabendorf · Seese-West · Seese-Ost · Lübbenau [Lubnjow] · Raddusch [Raduš] · Burg [Bokowy] · Malxe · Peitz [Picno] · Jänschwalde [Janšojce] · Tagebau Jänschwalde · Horno · Schlabendorf-Süd · Vetschau [Wetschow] · Cottbus [Chośebuz] · Tagebau Cottbus-Nord · Neu-Horno · Spree · Calau [Kalawa] · Forst [Baršć] · Neiße · Gräbendorf · B R A N D E N B U R G · Kleine Elster · Greifenhain · Altdöbern · Drebkau [Drjowk] · Talsperre Spremberg · Bagenz-Ost · Döbern [Derbno] · Finsterwalde · Welzow [Wjelcej] · Tagebau Welzow-Süd · Spremberg [Grodk] · Großräschen · Klein-leipisch · Klettwitz-Nord · Meuro · Senftenberg [Zly Komorow] · Sedlitz · Skado · Schwarze Pumpe [Carna Plumpa] · Spremberg-Ost · Bad Muskau [Mužakow] · Klettwitz · Meuro-Süd · Koschen · Spreetal · Burghammer · Tagebau Nochten · Weißwasser [Běla Woda] · Lauchhammer · Großkoschen · Laubusch · Spreetal-Nordost · Schwarze Elster · Lauta [Łuty] · Hoyerswerda [Wojerecy] · Scheibe · Spree · Tagebau Reichwalde · Ortrand · Bernsdorf · Wittichenau [Kulow] · S A C H S E N · Lohsa · Bärwalde · Boxberg [Hamor]

Legend:
- Tagebau
- genehmigtes Abbaugebiet
- geplantes Abbaugebiet
- Rekultivierung
- Kraftwerk
- Brikettfabrik
- Eisenbahn
- Autobahn
- Bundesstraße
- aufgegebener Ort

0 5 10 km

F42976_030_03_2 © Schroedel

1 Betrachte die Karte genau. Wo wird zur Zeit Braunkohle im Tagebau in der Lausitz abgebaut? Schreibe die Namen der Tagebaue auf.

_____

_____

Das Foto auf Seite 30 zeigt Bagger auf einer Braunkohlensohle. Ihre riesigen Schaufeln fressen sich Meter um Meter in die zehn Meter hohe Braunkohlenschicht und befördern die Kohlenbrocken über kilometerlange Förderbänder zur Kohlenhalde. Dort werden sie in Eisenbahnwaggons verladen.
Im nahe gelegenen Kraftwerk Jänschwalde wird aus der Braunkohle Strom gewonnen. Der Tagebau bei Jänschwalde östlich von Cottbus ist eines der letzten Braunkohlenabbaugebiete in Brandenburg.

Die Karte Seite 30 zeigt, wo derzeit Braunkohle abgebaut wird und die Gebiete, wo der Kohlenabbau in den folgenden Jahren erfolgen soll.
Mitten im Tagebau Jänschwalde lag das Dorf Horno, in dem bis vor wenigen Jahren noch 300 Menschen wohnten. Sie mussten ihre Häuser verlassen und wohnen nun 13 Kilometer entfernt in dem neu erbauten Ort Neu-Horno bei Forst.

Der Kohlenabbau hinterlässt riesige Krater in der Landschaft. Nach Ende der Förderung wird das Gebiet rekultiviert, das heißt die Gruben werden mit Erde oder Wasser aufgefüllt. Neue Hügel, Senken oder künstliche Seen entstehen. Die neu gestaltete Landschaft soll als Erholungsgebiet dienen.

Wo man heute noch wandern kann, sollen später Boote fahren.

Wassersport auf der Lausitzer Seenkette, ehemaligen Braunkohlenkratern.

(2) Notiere, wie viele Tagebaue, genehmigte Abbaugebiete und geplante Abbaugebiete es in der Lausitz gibt.

Anzahl Tagebaue: _____

Anzahl genehmigte Abbaugebiete: _____

Anzahl geplanter Abbaugebiete: _____

(3) Suche das Braunkohlengebiet der Lausitz (Stadt Forst) auf der Karte Seite 4/5.

Notiere die Planquadrate: _____

Am Sandstrand des Senftenberger Sees.

Freizeit und Erholung in Brandenburg

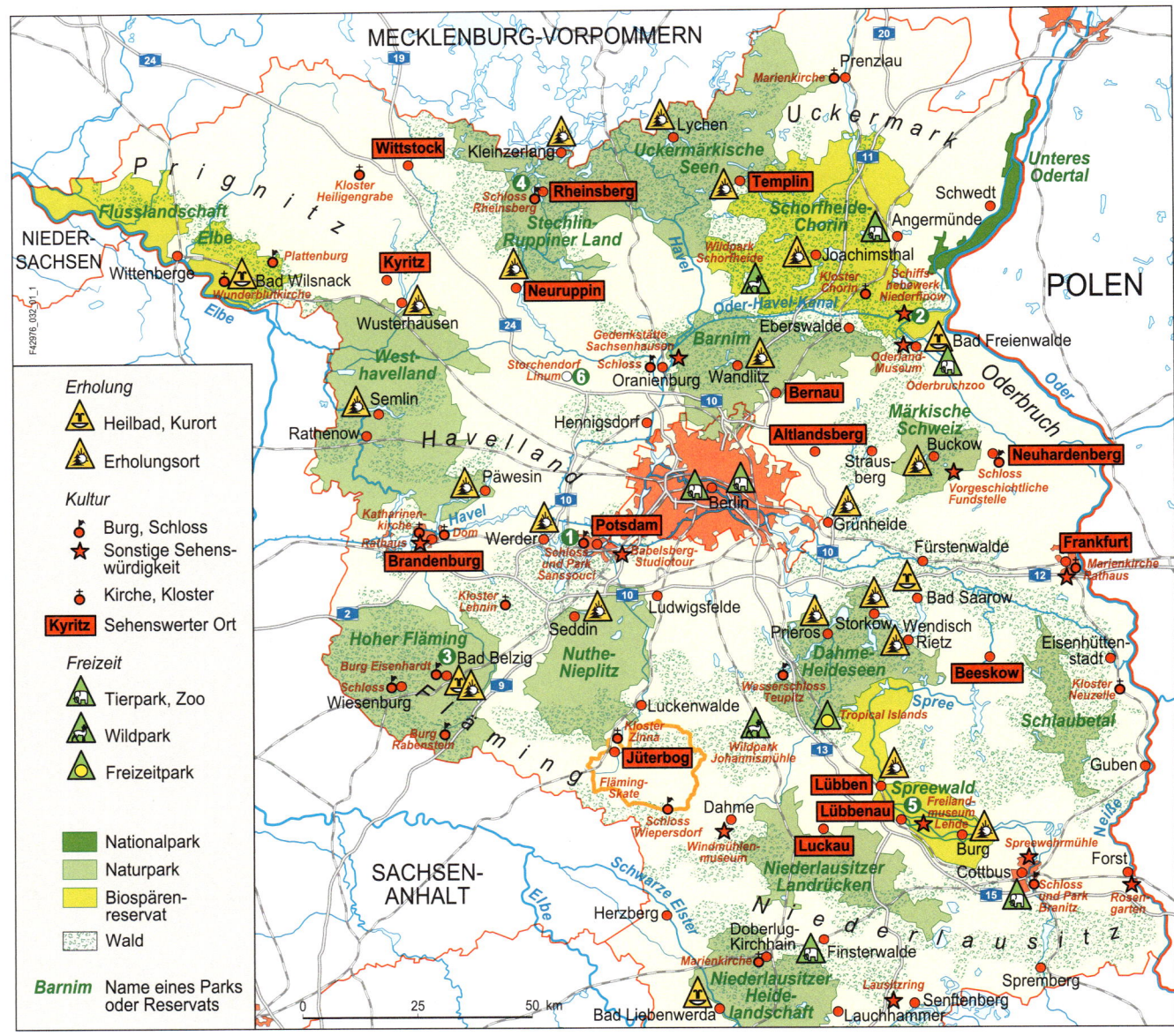

Karte:

MECKLENBURG-VORPOMMERN

POLEN

NIEDER-SACHSEN

SACHSEN-ANHALT

Legende:

Erholung
- Heilbad, Kurort
- Erholungsort

Kultur
- Burg, Schloss
- Sonstige Sehenswürdigkeit
- Kirche, Kloster
- **Kyritz** Sehenswerter Ort

Freizeit
- Tierpark, Zoo
- Wildpark
- Freizeitpark

- Nationalpark
- Naturpark
- Biosphärenreservat
- Wald

Barnim Name eines Parks oder Reservats

0   25   50 km

Das Bundesland Brandenburg hat viele Sehenswürdigkeiten. Burgen, Schlösser, Museen, schöne Städte und vieles mehr ziehen jährlich zahlreiche Besucher an.

Brandenburg hat große Wälder und zahlreiche Gewässer. Damit sie für die Brandenburger und die Touristen als Erholungsgebiete und als Lebensraum für die Tiere und Pflanzen erhalten bleiben, sind viele Gebiete zu *Naturparks, Nationalparks* oder *Biosphärenreservaten* erklärt worden.

Naturparks sind Landschaftsschutzgebiete. Sie dienen hauptsächlich der Erholung der Menschen.

Nationalparks sind Gebiete mit einer besonderen Landschaft, in der Tiere und Pflanzen leben, die durch strenge Vorschriften geschützt sind. Dadurch werden seltene Tiere und Pflanzen vor dem Aussterben bewahrt.

Biosphärenreservate sind Gebiete, die durch internationale Kontrollen besonders streng geschützt sind. Oft gibt es hier Pflanzen und Tiere, die nur noch an wenigen Standorten vorkommen. Die Reservate sind zusätzlich in Schutzzonen eingeteilt, in denen unterschiedliche Regelungen beachtet werden müssen. Der gesamte Tourismus muss sich dem Naturschutz unterordnen.

Der **Naturpark Märkische Schweiz** liegt ungefähr 30 Kilometer östlich vom Berliner Stadtrand. Wälder, Schluchten, Sandhügel, Bäche, Moore und Seen prägen Brandenburgs kleinsten und ältesten Naturpark.

Das **Biosphärenreservat Schorfheide-Chorin** mit seinen ausgedehnten Wäldern, vielen Seen, Wiesen und Feuchtgebieten ist eines der größten Schutzgebiete Deutschlands. Seltene Tiere und Pflanzen finden hier ihren Lebensraum.

Der **Erholungsort Werder** wird von fünf Seen umgeben. Bekannt geworden ist Werder durch den Obstanbau. Das alljährlich stattfindende Baumblütenfest zählt zu den größten Volksfesten in Deutschland. Eine Besonderheit sind die Weinberge auf dem Werderaner Wachtelberg.

(1) Notiere die Namen der Naturparks.

_____

_____

_____

_____

_____

_____

_____

_____

_____

_____

(2) Notiere die Namen der Biosphärenreservate und dahinter in Klammern die Nummern der Autobahnen, die zu diesen Schutzgebieten führen.

_____

_____

_____

(3) Finde Werder auf den Karten Seite 32 und 4/5. Notiere das Planquadrat: _____

(4) Finde zwei weitere Erholungsorte auf der Karte Seite 32. Notiere ihre Namen.

_____

_____

Das Brandenburg-Spiel (1)

Spielvorbereitung:

(1) Für das „Brandenburg-Spiel" benötigst du zwei Würfel und die Seite 35/36.

(2) Trenne die Seite 35 heraus und schneide die 12 Bilder entlang der gestrichelten Linien aus.

(3) Betrachte vor Spielbeginn die Bilder 1 bis 12 und lies die zugehörigen Texte A bis M durch. Merke dir die fettgedruckten Stichwörter.

(4) Suche die genannten Orte in Brandenburg auf der Karte Seite 4/5.

(5) Zum Spielen benötigst du einen Partner.

Spielregeln – Stufe 1:

(1) Ziel des Spiels ist es, die Felder 1 bis 3 mit je einer dazu gehörenden Ausschneidekarte zu belegen (z. B. Feld 1 mit den Karten 1, 2, 3 oder 4)

(2) Die Spieler würfeln abwechselnd. Sie entscheiden vor jedem Wurf, ob sie einen oder beide Würfel benutzen.

(3) Entsprechend der Augenzahl nimmt der Spieler die Spielkarte und nennt zum Bild die fettgedruckten Stichwörter. Bei richtiger Antwort belegt er mit der Karte das dazugehörende Feld.

(4) In jedes Feld kann pro Spieler nur eine Karte abgelegt werden.

(5) Würfelt der Spieler eine Augenzahl, zu der die Spielkarte schon vergeben ist bzw. sein Feld bereits belegt ist, kommt der Mitspieler wieder an die Reihe.

(6) Bei einem Pasch (beide Würfel mit gleicher Augenzahl) kann eine beliebige Karte gewählt werden, um die Stichwörter zu nennen.

Wer seine drei Felder als erster mit drei Karten belegt hat, ist Sieger.

Spielregeln – Stufe 2:

Stufe 2: Die Spielkarte darf nur abgelegt werden, wenn zusätzlich der Ort auf der Karte Seite 4/5 gezeigt wird.

34

(1) (2) (3) (4)   (5) (6) (7) (8)   (9) (10) (11) (12)

| Feld 1 | Feld 2 | Feld 3 | Spieler 1 |
| Feld 1 | Feld 2 | Feld 3 | Spieler 2 |

Das Brandenburg-Spiel (2)

 M

Templin liegt am nördlichen Rand der Schorfheide. Bis auf einige Durchbrüche ist die mit insgesamt 51 Türmen und Wiekhäusern bewehrte **Stadtmauer** fast vollständig erhalten. Zur Stadtmauer gehören noch drei eindrucksvolle Stadttore.

 H

In der Nähe von **Fürstenwalde** liegen mehrere tonnenschwere **Findlinge**, riesige Granitsteine. Sie wurden während der Eiszeit vor über 10 000 Jahren durch Gletscher von Norwegen hierher transportiert.

 D

Auf fast 50 km Länge verzweigt sich die Spree in zahlreiche kleine Fließe und Kanäle. Auf ihnen kann man in Kähnen den **Spreewald** durchfahren. Als Biosphären-Reservat ist das gesamte Gebiet des Spreewaldes geschützt.

 L

Buckow am **Schermützelsee** liegt mitten in der Märkischen Schweiz. Diese Region besteht aus vielen Waldgebieten, herrlichen Seen und kleinen Bergen. Dort wird gewandert oder Rad gefahren. Vom Panoramaweg um den Schermützelsee haben Wanderer schöne Ausblicke.

 G

Etwa 100 km östlich von Berlin liegt **Frankfurt** an der Oder, eine Grenzstadt zum Nachbarland Polen. Der jenseits der Oder liegende Ort heißt Slubice. Die **Oderbrücke**, die die beiden Städte verbindet, wurde 1951 neu gebaut. Frankfurt an der Oder hat heute etwa 57 600 Einwohner.

 C

Der **Roland** steht in **Brandenburg** am Altstädter Rathaus. Die Figur gilt als Sinnbild für die Eigenständigkeit einer Stadt. Brandenburg ist über 1000 Jahre alt. Es entstand – ähnlich wie Berlin – aus zwei Schwesterstädten, der Altstadt und der Neustadt Brandenburg. Heute hat die Stadt etwa 71 000 Einwohner.

 K

Das **Schloss** in **Rheinsberg** liegt landschaftlich reizvoll in einer Seen- und Waldlandschaft, der Ruppiner Schweiz. Das Schloss wird heute von zahlreichen Touristen besucht. Es wurde berühmt durch Friedrich I., der hier vier Jahre lebte und durch Romane von Theodor Fontane.

 F

Am Rand des Hohen Fläming steht bei **Bad Belzig** die **Burg Eisenhardt**. Von dem 33 m hohen Bergfried hat man eine herrliche Aussicht auf Belzig und die Hügel des Flämings mit dem 200 m hohen Hagelberg.

 B

Potsdam – südwestlich von Berlin gelegen – ist bekannt durch seine großartige **Schloss**anlage **Sanssouci** und durch weitere kunstvolle Gebäude, z. B. das „Chinesische Teehaus". Die Landeshauptstadt von Brandenburg ist über 1000 Jahre alt und damit älter als Berlin.

 I

Das **Schinkeldenkmal** steht in **Neuruppin**. Der Oberlandesbaudirektor Schinkel, der 1781 in Neuruppin geboren wurde, war im 19. Jahrhundert einer der bedeutendsten Baumeister. Ebenfalls aus Neuruppin stammt der bekannte Dichter Theodor Fontane.

 E

Das **Storchendorf Rühstädt** liegt in der Flusslandschaft der Elbe zwischen Havelberg und Wittenberge. Rühstädt ist der storchenreichste Ort Deutschlands. Bis zu 37 Nester werden jährlich bezogen. In den Elbauen finden die Störche ausreichend Nahrung.

 A

Damit Schiffe von der Havel bis zur Oder fahren können, wurde der Oder-Havel-Kanal gebaut. Seit 1934 verbindet das **Schiffshebewerk Niederfinow** die auf unterschiedlicher Höhe fließenden Flüsse. Die Schiffe fahren in einen großen Trog und werden in 5 Minuten wie im Fahrstuhl von unten nach oben oder umgekehrt gefahren.

Die Geschichte Brandenburgs

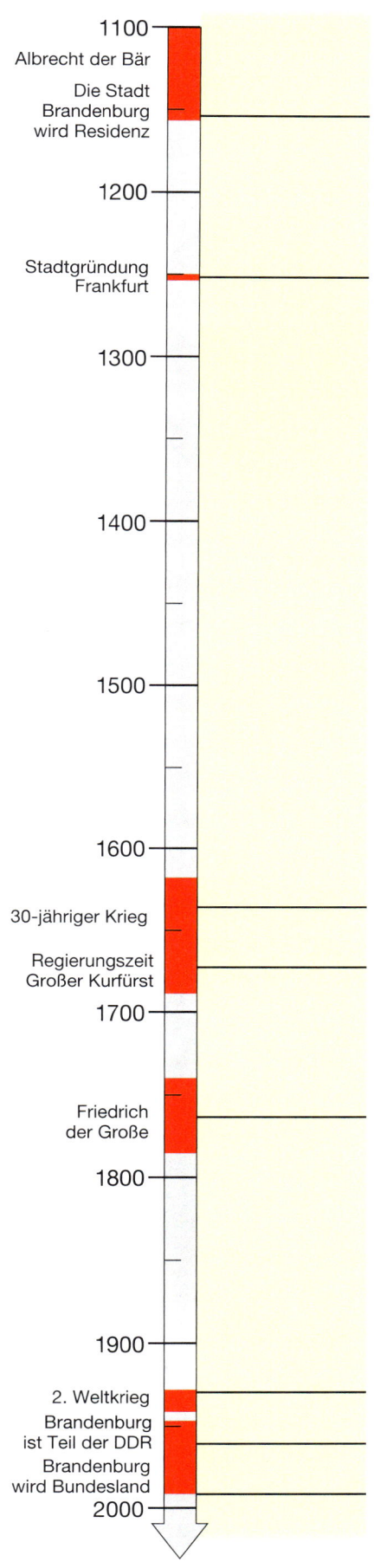

1100
Albrecht der Bär
Die Stadt Brandenburg wird Residenz

1200

Stadtgründung Frankfurt

1300

1400

1500

1600

30-jähriger Krieg

Regierungszeit Großer Kurfürst

1700

Friedrich der Große

1800

1900

2. Weltkrieg
Brandenburg ist Teil der DDR
Brandenburg wird Bundesland

2000

Das Landeswappen von Brandenburg zeigt auf einem weißen Schild einen nach links blickenden, roten Adler. Er hat einen gelben Schnabel, gelbe Krallen und auf beiden Flügeln gelbe Kleestängel.

Das Land Brandenburg und sein Wappen haben eine lange Geschichte. Bereits Markgraf Otto I., Sohn von Albrecht dem Bär, benutzte ein Siegel mit dem Adler als Symbol für Mut und Kraft. Auch die nachfolgenden Fürsten von Brandenburg behielten den roten Adler als Wappen.

Albrecht der Bär war der erste Markgraf der Mark Brandenburg. **1157** eroberte er die Festung Brendanburg (Brandenburg) und machte sie zu seiner Residenz. Damals war das Land viel kleiner als heute.

Erst in den folgenden Jahrhunderten kamen weitere Gebiete dazu. Viele Siedler aus dem Westen zogen in die Mark Brandenburg und gründeten neue Siedlungen. Dazu gehörte auch die Stadt Frankfurt **(1253)**. Auch Mönche kamen in die Mark und errichteten verschiedene Klöster, um die Bewohner zum Christentum zu bekehren.

Im Dreißigjährigen Krieg **(1618 – 1648)** wurden viele Dörfer und Städte von Soldaten geplündert, durch Brände zerstört und von Krankheiten wie der Pest heimgesucht.

Erst der Große Kurfürst **(1640 – 1688)** sorgte dafür, dass wieder Ordnung einkehrte und die Dörfer und Städte wieder aufgebaut wurden. Er holte auch Glaubensflüchtlinge aus Frankreich, die Hugenotten, ins Land, die beim Aufbau wertvolle Hilfe leisteten.

König Friedrich II., der Große, regierte von **1740 – 1786**. Er organisierte die Verwaltung des Landes neu und sorgte dafür, dass die Erträge der Landwirtschaft gesteigert wurden. Er führte die Kartoffel als verbreitetes Nahrungsmittel ein.

Nach dem 2. Weltkrieg **(1939 – 1945)** war Brandenburg in Bezirke geteilt und gehörte zur Deutschen Demokratischen Republik (DDR) – von **1949 – 1989**.

Seit der Wiedervereinigung Deutschlands **(1990)** ist Brandenburg ein Bundesland der Bundesrepublik Deutschland.

1 Trage für die Ereignisse die zutreffenden grünen Jahreszahlen in der Zeitleiste ein.

Spaziergänge durch Berlins Mitte (1)

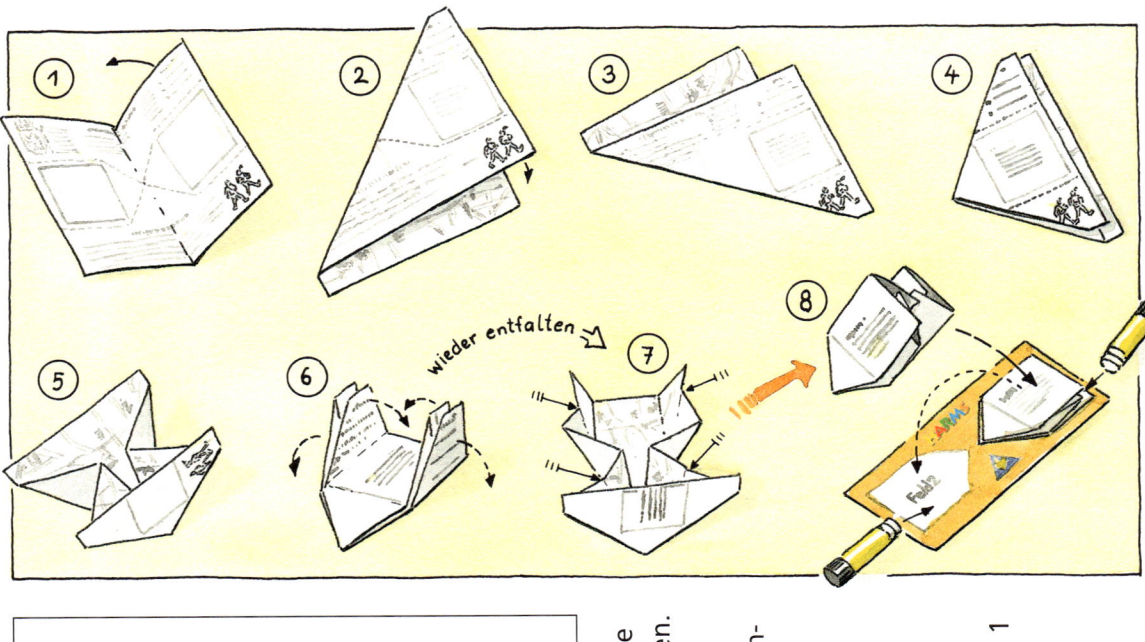

wieder entfalten

Berlins Mitte bietet viele Sehenswürdigkeiten. Auf verschiedenen Spaziergängen können die einzelnen historischen und neuen Gebäude besichtigt und erkundet werden. Die Karte auf Seite 39 zeigt Berlins Mitte.

① Suche die Sehenswürdigkeiten der vier Spaziergänge auf der Karte Seite 39.

Spaziergänge durch Berlins Mitte

Spaziergang 1: Reichstag ① – Brandenburger Tor ② – Holocaust-Mahnmal ③ – Potsdamer Platz ④

Spaziergang 2: Berliner Dom ⑤ – Altes Museum ⑥ – Neues Museum ⑦ – Pergamon-Museum ⑧ – Bode-Museum ⑨ – Neue Synagoge ⑩

Spaziergang 3: Deutsches Historisches Museum ⑪ – Humboldt-Universität ⑫ – St. Hedwigs-Kathedrale ⑬ – Französischer Dom ⑭ – Deutscher Dom ⑮

Spaziergang 4: Nicolaikirche ⑯ – Rotes Rathaus ⑰ – Alexanderplatz ⑱ – Fernsehturm ⑲ – Marienkirche ⑳ – Neptunbrunnen ㉑

Um sich bei einer Stadterkundung besser zu orientieren, kannst du dir aus der Karte und einem Streifen von der Klappseite hinten in der Mappe eine Klappkarte herstellen. Durch die besondere Faltung ist sie handlich und passt in jede Jackentasche.

② Schneide von der hinteren Klappseite der Mappe an der gestrichelten Linie die Kartenhülle „Berlin Mitte" ab. Schneide die Ränder ab. Knicke den Streifen in der Mitte.

③ Trenne vorsichtig die Seite 39 aus der Mappe. Schneide die Karte sauber aus. Auf der Rückseite der Karte kannst du das Berliner Wappen ausmalen.

④ Falte nun die Karte. Folge genau den Arbeitsschritten ① bis ⑧.

⑤ Klebe nun die gefaltete Karte in die Kartenhülle. Bestreiche zuerst die Kartenseite 1 mit dem Klebestift und klebe diese auf Feld 1 der Kartenhülle.

⑥ Bestreiche nun die Kartenseite 2 mit dem Klebestift und drücke den Deckel der Kartenhülle (Feld 2) auf die Karte.

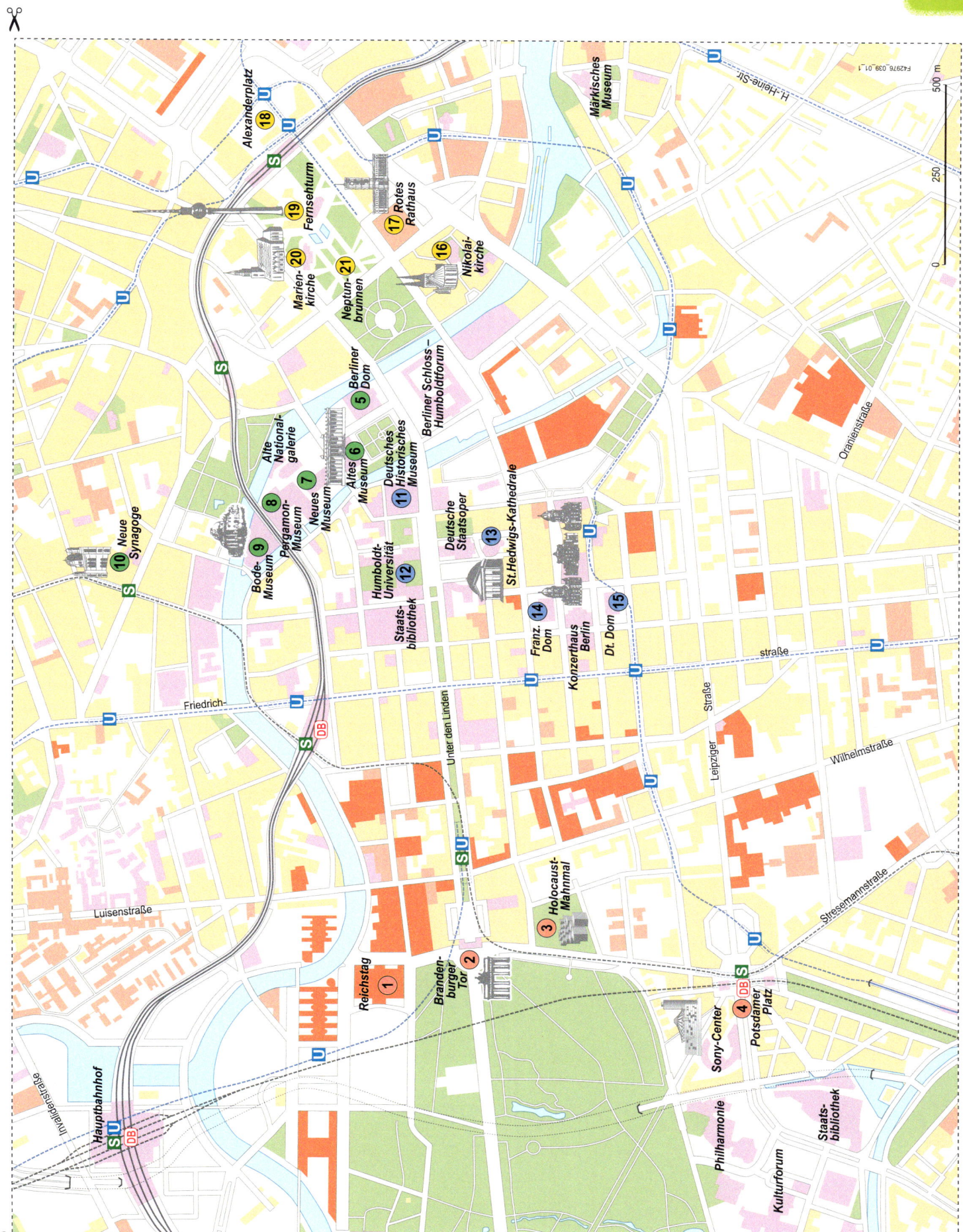

Alexanderplatz

18

19 Fernsehturm

17 Rotes Rathaus

20 Marien-
kirche

21 Neptun-
brunnen

16 Nikolai-
kirche

Märkisches
Museum

Berliner
5 Dom

Berliner Schloss –
Humboldtforum

Alte
National-
galerie

6 Altes
Museum

11 Deutsches
Historisches
Museum

7 Neues
Museum

8 Pergamon-
Museum

Deutsche
Staatsoper

13

St. Hedwigs-Kathedrale

9 Bode-
Museum

10 Neue
Synagoge

Humboldt-
Universität 12

Staats-
bibliothek

Franz.
14 Dom

15 Dt. Dom

Konzerthaus
Berlin

straße

Friedrich-

Unter den Linden

DB

Oranienstraße

Leipziger Straße

Wilhelmstraße

Luisenstraße

Holocaust-
Mahnmal

3

Stresemannstraße

Reichstag

1

Branden-
burger
Tor 2

Sony-Center

4 Potsdamer
Platz

DB S

Hauptbahnhof

S U

DB

Invalidenstraße

Philharmonie

Kulturforum

Staats-
bibliothek

F42976_039_01 · 1

0   250   500 m

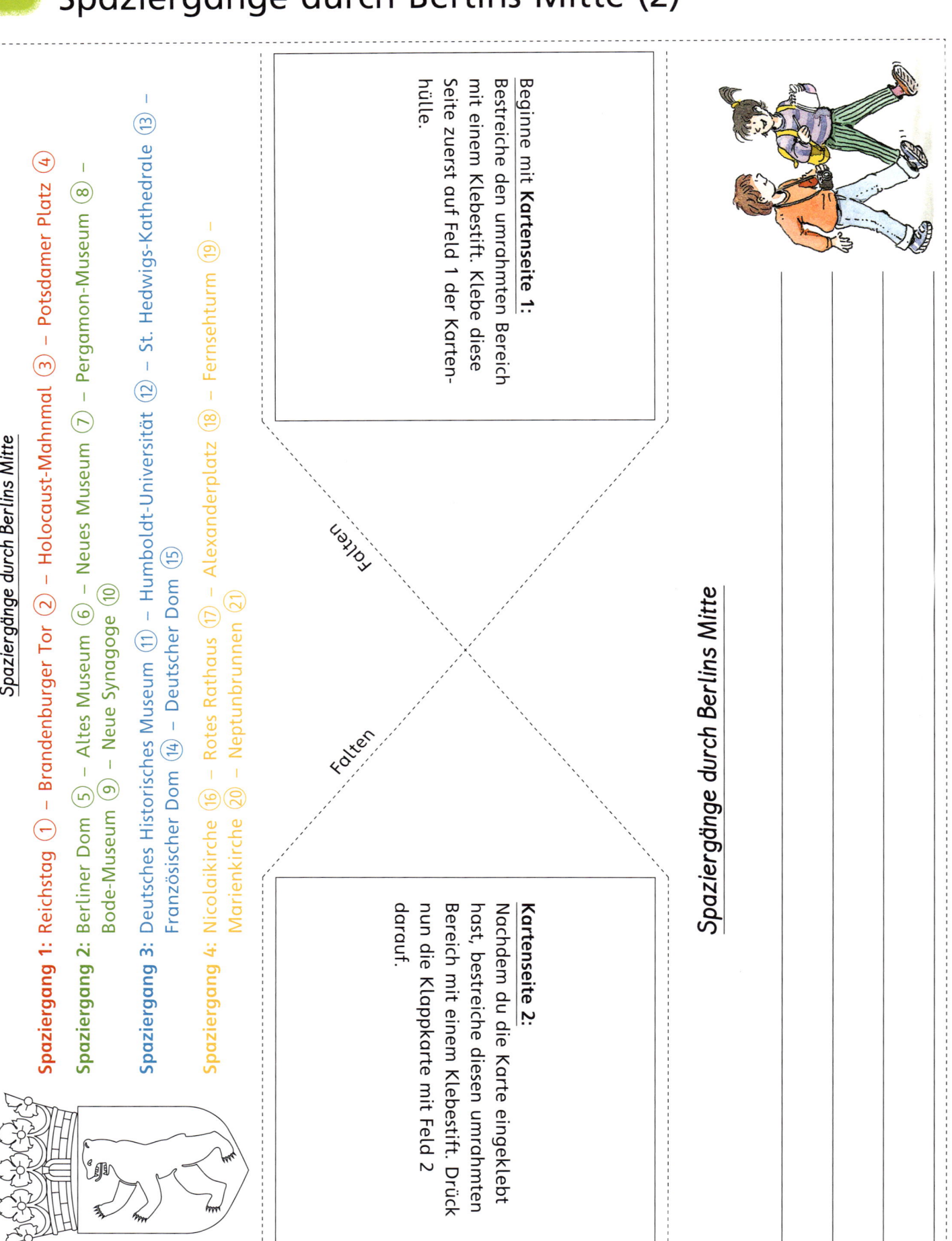

Spaziergänge durch Berlins Mitte

Spaziergang 1: Reichstag ① – Brandenburger Tor ② – Holocaust-Mahnmal ③ – Potsdamer Platz ④

Spaziergang 2: Berliner Dom ⑤ – Altes Museum ⑥ – Neues Museum ⑦ – Pergamon-Museum ⑧ – Bode-Museum ⑨ – Neue Synagoge ⑩

Spaziergang 3: Deutsches Historisches Museum ⑪ – Humboldt-Universität ⑫ – St. Hedwigs-Kathedrale ⑬ – Französischer Dom ⑭ – Deutscher Dom ⑮

Spaziergang 4: Nicolaikirche ⑯ – Rotes Rathaus ⑰ – Alexanderplatz ⑱ – Fernsehturm ⑲ – Marienkirche ⑳ – Neptunbrunnen ㉑

Beginne mit **Kartenseite 1:**
Bestreiche den umrahmten Bereich mit einem Klebestift. Klebe diese Seite zuerst auf Feld 1 der Kartenhülle.

Kartenseite 2:
Nachdem du die Karte eingeklebt hast, bestreiche diesen umrahmten Bereich mit einem Klebestift. Drück nun die Klappkarte mit Feld 2 darauf.

Falten

Falten

Spaziergänge durch Berlins Mitte

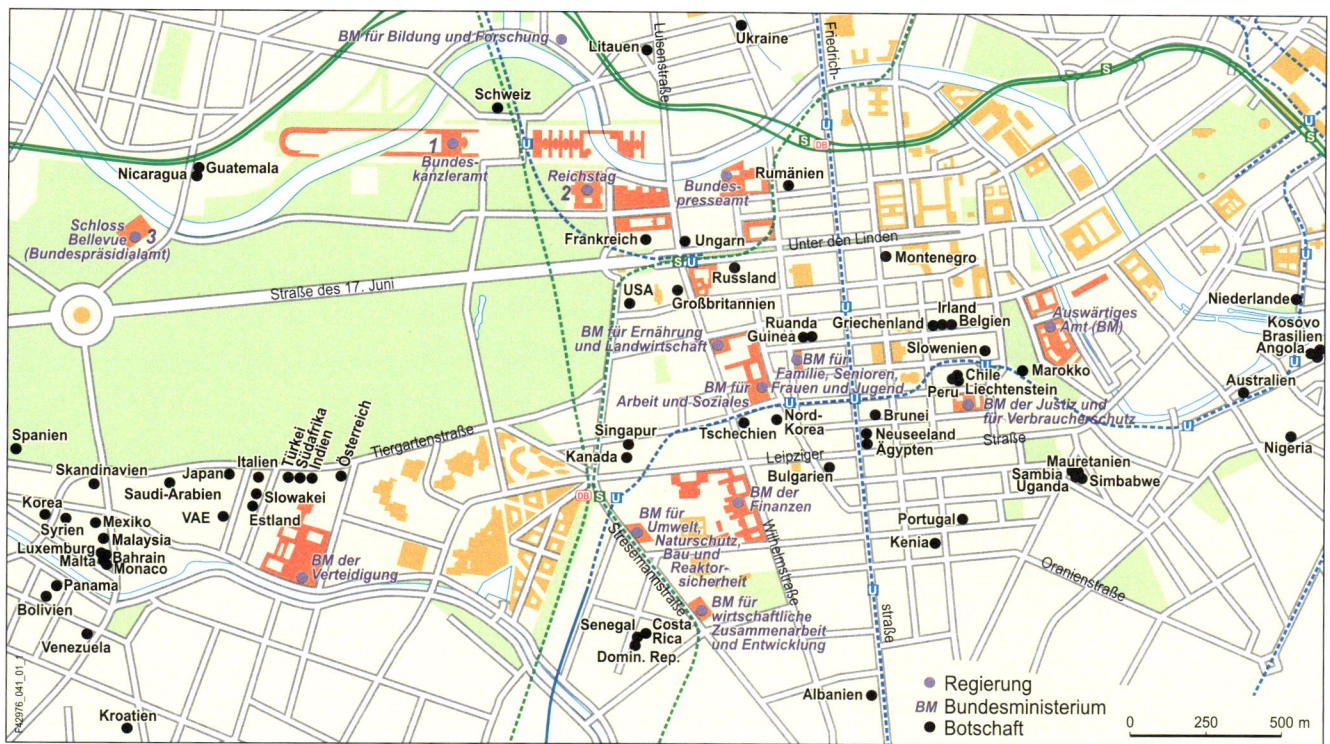

Reichstag (Glaskuppel)

Schloss Bellevue

1. Finde die abgebildeten Gebäude auf dem Stadtplan oben. Schreibe die richtigen Zahlen in die Fotos.

2. Zur Bundesregierung gehören die Ministerien. Suche aus dem Kartenausschnitt Bundesministerien (BM) und notiere drei Namen.

_____

_____

_____

_____

Bundeskanzleramt

3. Wie heißt der Bundespräsident und wo hat er seinen Amtssitz?

_____

_____

_____

Die Bundesrepublik Deutschland

Unser Staat, die Bundesrepublik Deutschland, ist ein Bund von 16 gleichberechtigten Bundesländern. Zu den Bundesländern werden auch die „Stadtstaaten" Berlin, Hamburg und Bremen gezählt. Jedes Bundesland hat eine Landeshauptstadt (siehe Karte). In Deutschland leben 82 Millionen Menschen. Die Hauptstadt der Bundesrepublik Deutschland ist Berlin.

Deutschlands größte Städte:

1. Berlin	3 664 100 E.
2. Hamburg	1 852 500 E.
3. München	1 488 200 E.
4. Köln	1 083 500 E.
5. Frankfurt a.M.	764 100 E.
6. Stuttgart	630 300 E.
7. Düsseldorf	620 500 E.
8. Leipzig	597 500 E.
9. Dortmund	587 700 E.
10. Essen	582 400 E.
11. Bremen	566 600 E.
12. Dresden	556 200 E.
13. Hannover	534 000 E.
14. Nürnberg	515 500 E.
15. Duisburg	496 000 E.

① Unterstreiche in der Städteliste die Städte, die Landeshauptstadt eines Bundeslandes sind.

② Zu den folgenden Fragen ist nur eine Antwort richtig.
Unterstreiche die richtige Antwort rot. Streiche die falschen Antworten durch.

a) Wie viele Bundesländer gehören zu Deutschland?   ZWÖLF   SECHZEHN   ACHTZEHN

b) Welches Bundesland umgrenzt die Hauptstadt der Bundesrepublik Deutschland?
SACHSEN-ANHALT   BRANDENBURG   MECKLENBURG-VORPOMMERN

c) Welches Bundesland grenzt im Süden an Brandenburg?
BREMEN   SACHSEN   MECKLENBURG-VORPOMMERN

d) Wie heißt die Hauptstadt von Niedersachsen?   BREMEN   KIEL   HANNOVER

e) Wie viele Staaten grenzen an Deutschland?   FÜNF   NEUN   ELF

f) Welcher Staat grenzt im Osten an Brandenburg?   DÄNEMARK   POLEN   NIEDERLANDE

Das große Brandenburg-Rätsel

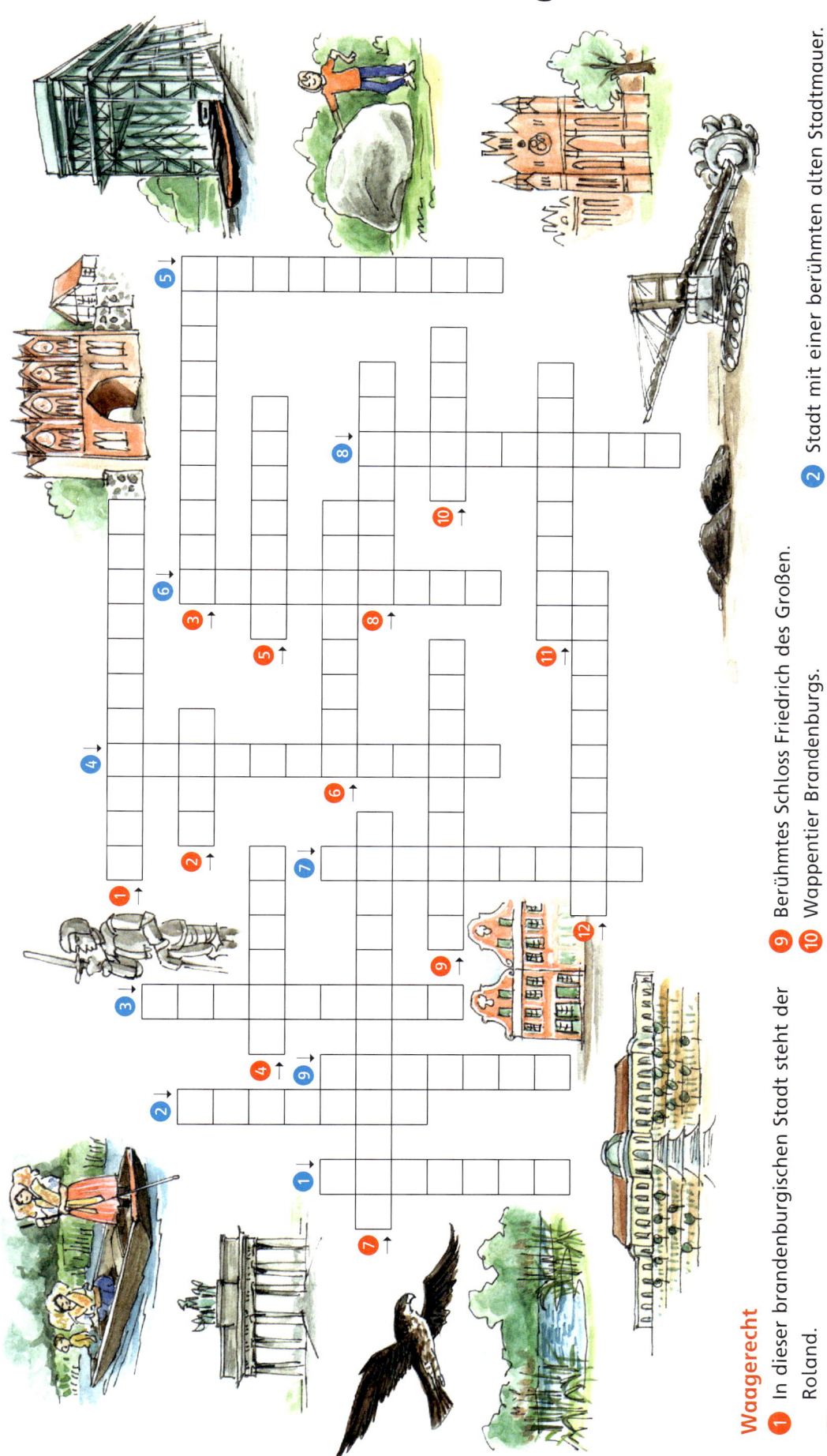

Waagerecht

1. In dieser brandenburgischen Stadt steht der Roland.
2. Grenzfluss zu Polen.
3. Bekannte „Medienstadt".
4. Hauptstadt der Bundesrepublik Deutschland.
5. Die zweitgrößte Stadt Brandenburgs.
6. Riesiger Stein aus Nordeuropa.
7. Großes Schutzgebiet für Tiere und Pflanzen.
8. Zeit, in der die Landschaften Brandenburgs geformt wurden.
9. Berühmtes Schloss Friedrich des Großen.
10. Wappentier Brandenburgs.
11. Landeshauptstadt von Mecklenburg-Vorpommern.
12. Brennstoff, der von riesigen Baggern abgebaut wird.

Senkrecht

1. Region in Brandenburg in der Braunkohle abgebaut wird.
2. Stadt mit einer berühmten alten Stadtmauer.
3. Kanäle, Ausflugskähne und Gurken haben diese Landschaft bekannt gemacht.
4. Ort an einem Schiffshebewerk.
5. Sie formten die Landschaften Brandenburgs.
6. Treibstoff aus Raps.
7. Bekannte Stadt an der Oder.
8. Sie bildete sich an der Gletscherstirn.
9. Landeshauptstadt von Brandenburg.

Ich teste mein Wissen über Brandenburg (1)

Diese Kartenausschnitte sind auch in deiner Arbeitsmappe enthalten. Nutze zum Auffinden das Ortsregister auf Seite 49.

① Suche jeden Ausschnitt auf der Karte Seite 4/5.

② Finde die Namen der gesuchten Städte, Flüsse, Seen und Berge. Trage sie ein.

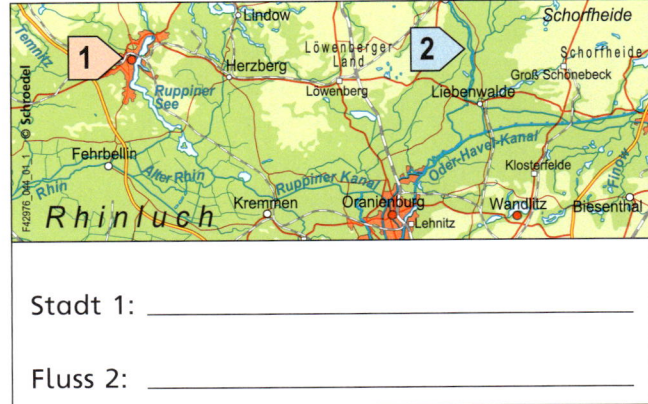

Stadt 1: _____

Fluss 2: _____

Stadt 1: _____

Stadt 2: _____

Stadt 1: _____

See 2: _____

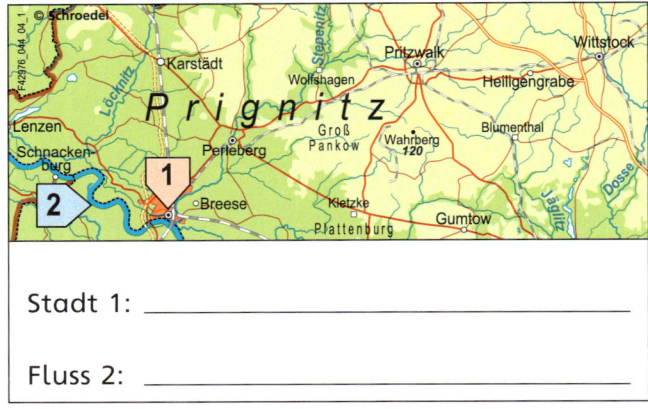

Stadt 1: _____

Fluss 2: _____

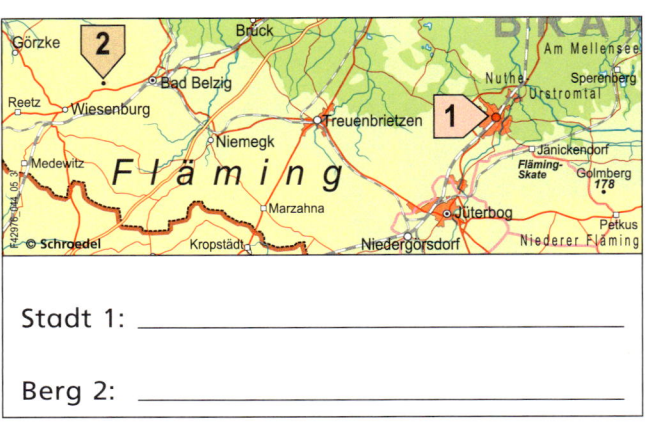

Stadt 1: _____

Berg 2: _____

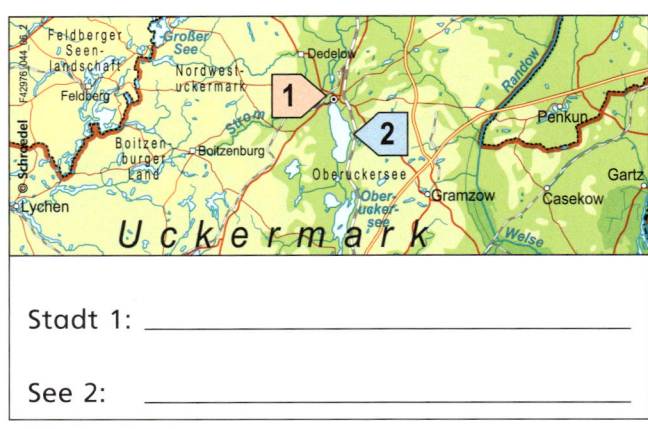

Stadt 1: _____

See 2: _____

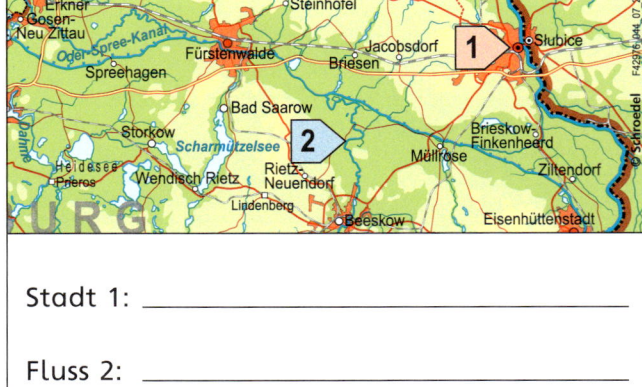

Stadt 1: _____

Fluss 2: _____

(Für jede richtige Antwort = 1 Punkt)   *Mögliche Punktzahl: 14 / Erreichte Punktzahl:*

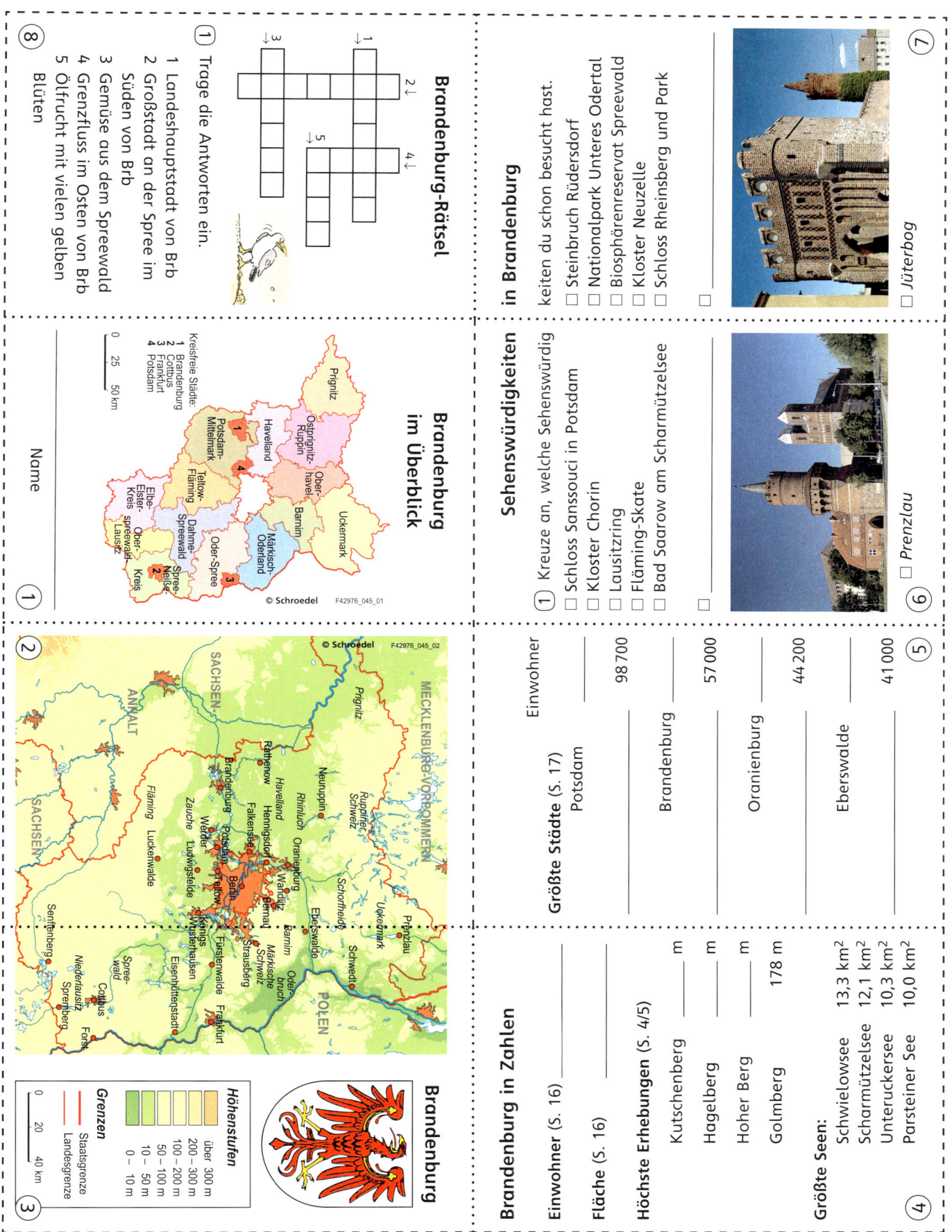

⑧ Brandenburg-Rätsel

① Trage die Antworten ein.

1 Landeshauptstadt von Brb
2 Großstadt an der Spree im Süden von Brb
3 Gemüse aus dem Spreewald
4 Grenzfluss im Osten von Brb
5 Ölfrucht mit vielen gelben Blüten

⑦ Sehenswürdigkeiten in Brandenburg

keiten du schon besucht hast.

☐ Steinbruch Rüdersdorf
☐ Nationalpark Unteres Odertal
☐ Biosphärenreservat Spreewald
☐ Kloster Neuzelle
☐ Schloss Rheinsberg und Park
☐ Jüterbog

Brandenburg im Überblick

Kreisfreie Städte:
1 Brandenburg
2 Cottbus
3 Frankfurt
4 Potsdam

0 25 50 km

Prignitz · Potsdam-Mittelmark · Havelland · Ostprignitz-Ruppin · Ober-havel · Teltow-Fläming · Elbe-Elster-Kreis · Dahme-Spreewald · Ober-spreewald-Lausitz · Spree-Neiße · Oder-Spree · Barnim · Märkisch-Oderland · Uckermark

© Schroedel   F42976_045_01

Name _____   ①

⑥ Sehenswürdigkeiten in Brandenburg

① Kreuze an, welche Sehenswürdig

☐ Schloss Sanssouci in Potsdam
☐ Kloster Chorin
☐ Lausitzring
☐ Fläming-Skate
☐ Bad Saarow am Scharmützelsee
☐

☐ Prenzlau

☐ Jüterbog

Brandenburg in Zahlen

Einwohner (S. 16) _____

Fläche (S. 16) _____

Höchste Erhebungen (S. 4/5)

Kutschenberg _____ m
Hagelberg _____ m
Hoher Berg _____ m
Golmberg 178 m

Größte Seen:

Schwielowsee 13,3 km²
Scharmützelsee 12,1 km²
Unteruckersee 10,3 km²
Parsteiner See 10,0 km²

Größte Städte (S. 17)

Potsdam _____ Einwohner
Brandenburg _____ 98 700
Oranienburg _____ 57 000
Eberswalde _____ 44 200
_____ 41 000

Brandenburg

Höhenstufen
über 300 m
200 – 300 m
100 – 200 m
50 – 100 m
10 – 50 m
0 – 10 m

Grenzen
Staatsgrenze
Landesgrenze

0   20   40 km

© Schroedel   F42976_045_02

SACHSEN-ANHALT · SACHSEN · MECKLENBURG-VORPOMMERN · POLEN

Prignitz · Fläming · Havelland · Rhinluch · Ruppiner Schweiz · Zauche · Welder · Luckenwalde · Ludwigsfelde · Teltow · Berlin · Königs Wusterhausen · Eisenhüttenstadt · Niederlausitz · Spremberg · Forst · Cottbus · Spreewald · Bernau · Barnim · Fürstenwalde · Strausberg · Märkische Schweiz · Oder-bruch · Schorfheide · Eberswalde · Schwedt · Rathenow · Neuruppin · Brandenburg · Falkensee · Hennigsdorf · Potsdam · Oranienburg · Wandlitz · Frankfurt

② ③ ④ ⑤

① Schneide an den _ _ _ _ gestrichelten Linien und falte an den .... gepunkteten Linien.
Falte nach der Anweisung von Seite 46 ein Wendeheft.

Mein kleiner Weltatlas

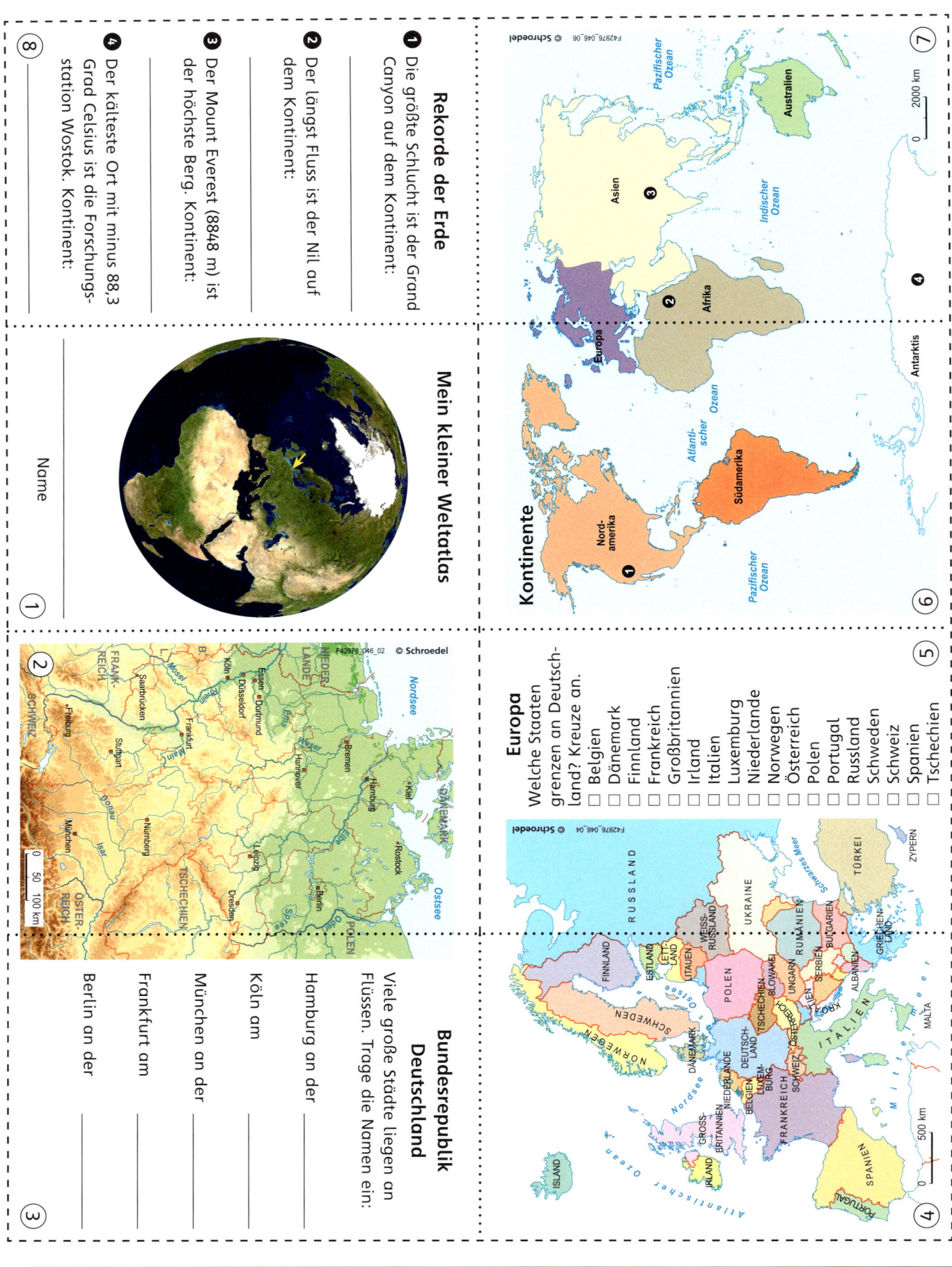

Rekorde der Erde

① Die größte Schlucht ist der Grand Canyon auf dem Kontinent:

② Der längst Fluss ist der Nil auf dem Kontinent:

③ Der Mount Everest (8848 m) ist der höchste Berg. Kontinent:

④ Der kälteste Ort mit minus 88,3 Grad Celsius ist die Forschungs-station Wostok. Kontinent:

Mein kleiner Weltatlas

Name

Kontinente

Nordamerika ① Südamerika Europa Afrika Asien ③ Australien Antarktis

Pazifischer Ozean Atlantischer Ozean Indischer Ozean Pazifischer Ozean

0 2000 km

© Schroedel F42976_046_06

Europa

Welche Staaten grenzen an Deutschland? Kreuze an.

☐ Belgien
☐ Dänemark
☐ Finnland
☐ Frankreich
☐ Großbritannien
☐ Irland
☐ Italien
☐ Luxemburg
☐ Niederlande
☐ Norwegen
☐ Österreich
☐ Polen
☐ Portugal
☐ Russland
☐ Schweden
☐ Schweiz
☐ Spanien
☐ Tschechien

Bundesrepublik Deutschland

Viele große Städte liegen an Flüssen. Trage die Namen ein:

Hamburg an der _____

Köln am _____

München an der _____

Frankfurt am _____

Berlin an der _____

Ich teste mein Wissen über Brandenburg (2)

1 In jedem Kasten steht ein Begriff, der **nicht** zu den anderen passt. Streiche ihn durch.

Spree	Schwielochsee	Seelow
Oder	Trebelsee	Perleberg
Havel-Kanal	Talsperre Spremberg	Herzberg
Elbe	Breitlingsee	Cottbus

(Jeder richtig gestrichene Begriff = 1 Punkt) — Mögliche Punktzahl: 3 / Erreichte Punktzahl:

2 Welche vier der folgenden Schutzgebiete gehören nicht zu den Naturparks? Kreuze an.

- ❏ Uckermärkische Seen
- ❏ Unteres Odertal
- ❏ Schorfheide-Chorin
- ❏ Märkische Schweiz
- ❏ Flusslandschaft Elbe
- ❏ Westhavelland
- ❏ Schlaubetal
- ❏ Spreewald

(Jedes richtige Kreuz = 1 Punkt) — Mögliche Punktzahl: 4 / Erreichte Punktzahl:

3 Prüfe die Richtigkeit der Sätze. Kreuze richtige Aussagen an, streiche falsche durch.

- ❏ In Brandenburg gibt es nur wenige Gewässer.
- ❏ Im Röhricht haben Wasservögel sichere Brutplätze.
- ❏ Kanäle gehören zu den natürlichen Wasserstraßen.
- ❏ Grundwasser ist gut geeignet für die Trinkwassergewinnung.
- ❏ Das Abwasser wird nach der Reinigung im Klärwerk in Flüsse geleitet.
- ❏ Das Grundwasser wird direkt in das Reinwasserbecken geleitet.

(Für jeden richtig bewerteten Satz = 1 Punkt) — Mögliche Punktzahl: 6 / Erreichte Punktzahl:

4 Ordne jedes Ereignis dem entsprechenden Jahrhundert (Jh.) zu.
Verbinde dazu das jeweilige Textfeld mit dem Jahrhundert, in dem das Ereignis stattfand.

Siedler aus dem Westen gründen Frankfurt an der Oder.	Im Dreißig-jährigen Krieg werden Dörfer und Städte zerstört.	Der Große Kurfürst lässt Dörfer und Städte wieder aufbauen.	König Friedrich II., der Große, fördert den Kartoffelanbau.	Der Zweite Weltkrieg ist zu Ende.	Wiedervereini-gung Deutsch-lands, Branden-burg wird ein Bundesland.

1200	1300	1400	1500	1600	1700	1800	1900	2000	2100
13. Jh.	14. Jh.	15. Jh.	16. Jh.	17. Jh.	18. Jh.	19. Jh.	20. Jh.	21. Jh.	

(Für jedes richtig verbundene Ereignis = 1 Punkt) — Mögliche Punktzahl: 6 / Erreichte Punktzahl:

5 Welches Bundesland grenzt im Süden an Brandenburg? _____

Wie heißt die Landeshauptstadt von Thüringen? _____

Wie heißt die Hauptstadt der Bundesrepublik Deutschland? _____

Welcher Staat grenzt im Norden an Deutschland? _____

(Für jede richtige Antwort = 1 Punkt) — Mögliche Punktzahl: 4 / Erreichte Punktzahl:

Auswertung: — mögliche Gesamtpunktzahl: 23 / Erreichte Punktzahl: _____

Seite 44, mögliche Gesamtpunktzahl: 14 / Erreichte Punktzahl: _____

37 Punkte bis 32 Punkte = Mein Wissen über Brandenburg ist richtig gut.
31 Punkte bis 24 Punkte = Mein Wissen über Brandenburg ist gut.
23 Punkte bis 0 Punkte = Mein Wissen über Brandenburg ist noch nicht so gut.

Gesamt-punktzahl:

Landkarten-Werkstatt

**Gezielt suchen und finden –
Arbeiten mit dem Ortsregister**

Anna und Tim möchten in einer Karte nachsehen, wo Prenzlau liegt. So gehen sie vor.

1. Das Ortsregister auf Seite 49 aufschlagen.

2. Nach dem Buchstaben P und dann nach dem Namen Prenzlau suchen.

3. Gefunden! Hinter dem Namen Prenzlau steht die Angabe F2. Prenzlau ist also im Planquadrat F2 zu finden.

Potsdam	E6	Wollin	C6
Premnitz	C5	Woltersdorf	F6
Prenzlau	F2	Wriezen	G5
Prieros	F7	Wünsdorf	E7
Pritzerbe	C6	Wusterhausen	C4

4. Anna und Tim schauen auf die Karte. Am oberen Rand und am unteren Rand der Landkarte sind Buchstaben von A bis H von links nach rechts in gelben Kreisen angegeben. Am linken und rechten Rand sind Zahlen von 1 bis 10 eingetragen. Die Karte hat ein Gitternetz aus senkrechten und waagerechten Linien. Die Buchstaben bezeichnen die senkrechten Streifen, die Zahlen die waagerechten Streifen.

5. Jetzt suchen die Kinder das Planquadrat F2. Es liegt dort, wo sich der senkrechte Streifen F und der waagerechte Streifen 2 überlagern. In diesem Planquadrat ist die Stadt Prenzlau eingezeichnet.

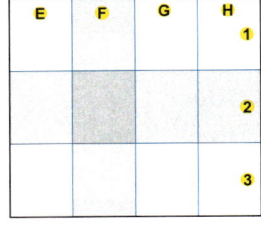

6. Geschafft! Jetzt können Anna und Tim Prenzlau und seine Lage in Brandenburg sehen und erkennen: Prenzlau liegt im Nordosten von Brandenburg.

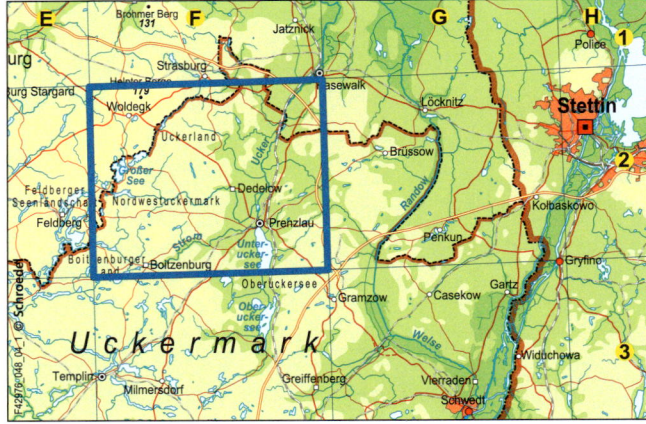

7. Übt das Finden von Städten, Flüssen usw. auf der Landkarte. Stellt euch gegenseitig Aufgaben.

**Die Zeichenerklärung –
unverzichtbar beim Kartenlesen**
Jede Karte enthält viele verschiedene Zeichen und Farben. Um eine Karte lesen zu können, müssen alle verwendeten Zeichen erklärt werden. Deswegen hat jede Karte eine Zeichenerklärung, die auch Legende genannt wird. Jedes Zeichen steht nicht für eine einzelne Gegebenheit, sondern für eine Gruppe davon.

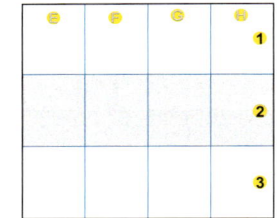

Orte	Einwohner
■ **Berlin**	über 250 000
■ **Potsdam**	100 000 – 250 000
● Frankfurt	50 000 – 100 000
● Wandlitz	20 000 – 50 000
⊙ Jüterbog	10 000 – 20 000
○ Dahme	5 000 – 10 000
○ Brück	unter 5 000
□ Reetz	Ortsteil
Havelsee	Flächengemeinde

Grenzen
Staatsgrenze
Landesgrenze
Siedlungsfläche

Beispiel: das ● steht nicht für die Stadt Wandlitz sondern für alle Städte, die 20 000 bis 50 000 Einwohner haben.

1. Schaut auf der Karte Seite 4/5 nach, wie viele Städte es mit über 20 000 bis 50 000 Einwohnern in Brandenburg gibt.